Hermann-Josef Berg, Oliver Bock
Der Rheinhessische Weinschmecker

Hermann-Josef Berg
Oliver Bock

Der Rheinhessische Weinschmecker

Die 44 besten Straußwirtschaften
und Gutsschänken

3. Ausgabe

SOCIETÄTS
VERLAG

3. komplett aktualisierte Auflage
Alle Rechte vorbehalten • Societäts-Verlag
© 2009 Frankfurter Societäts-Medien GmbH
Satz: Julia Desch, Societäts-Verlag
Umschlaggestaltung: Julia Desch, Societäts-Verlag
Umschlagabbildung: © Kai Koehler - Fotolia.com
Karten: Peh & Schefcik
Druck und Verarbeitung: CPI – Ebner & Spiegel, Ulm
Printed in Germany 2015

ISBN 978-3-95542-122-9

Inhalt

1. Wein beim Winzer

Die besten Seiten Rheinhessens

Rechtzeitig zum großen Jubiläum „200 Jahre Rheinhessen" halten Sie die neue Ausgabe des Rheinhessischen Weinschmeckers in Händen. Die dritte Auflage trägt dem steten Wandel der weingastronomischen Landschaft im Viereck zwischen Mainz, Worms, Alzey und Bingen Rechnung. Neue Schänken wurden eröffnet, alte Gaststuben renoviert oder gar geschlossen. In einigen Weingütern sorgt der Generationswechsel in Keller und Weinberg für neuen Schwung und ein gesteigertes Qualitätsstreben. Andere Erzeuger hingegen sind auf dem Erreichten stehen geblieben, doch Stillstand bedeutet immer auch Rückschritt. Wie gewohnt haben die Autoren für die vorliegende Neuausgabe alle Schänken in diesem Führer – und noch einige mehr – neu und sorgsam getestet.

Unterschiede bei der Weinqualität, beim Speisenangebot und beim Ambiente der Schänken sind von Betrieb zu Betrieb bedeutend. Nach wie vor hat es seinen besonderen Charme, Wein beim Winzer zu genießen. Rheinhessen bietet hier viele Möglichkeiten. Und jedes Jahr kommen einige hinzu, denn die Direktvermarktung ist ein Schlüssel zum Erfolg, vor allem für das Gros der engagierten Familienbetriebe. Das macht den Überblick schwierig und die Frage drängend: Wohin in Rheinhessen?

Die Antwort gibt der neue „Weinschmecker". Auflistungen von Straußwirtschaften und Gutsschänken gibt es viele. Dieser Führer bewertet sie und trifft eine nachvollziehbare und klar definierte Auswahl. Damit kommt der Weinschmecker wieder dem Wunsch vieler Weinfreunde entgegen, die das Goethe-Wort beherzigen: „Das Leben ist zu kurz, um schlechten Wein zu trinken."

Dieser Führer gibt jenen Orientierung, die auf der Suche nach überzeugenden, charakterstarken Weinen Rheinhessens sind und dazu in angenehmer Atmosphäre eine angemessene kulinarische Begleitung erwarten. Der „Weinschmecker" hat sie für Sie aufgespürt. Sie müssen seiner Einladung nur Folge leisten.

Mainz, im Sommer 2015
Hermann-Josef Berg & Oliver Bock

2. 200 Jahre Weinvergnügen

Eine Region feiert

Dieser Führer ist auch ein Geschenk an eine Region, die 2016 das Jubiläum „200 Jahre Rheinhessen" feiert. Eine Kulturlandschaft par excellence, die ihre erste Prägung durch die Römer erfahren hat. Der Dom von Mainz und sein Pendant in Worms zeugen bis heute von der Bedeutung der Region für das kulturelle, religiöse und politische Leben in einem besonderen Landstrich. Mit der Mainzer Republik entstand hier 1793 das erste demokratische Staatswesen auf deutschem Boden: Unter Napoleon wurde es französisch. Auf den Sturz des großen Imperators folgte der Wiener Kongress und die Neuordnung Europas. Der Großherzog von Hessen-Darmstadt erhielt im Gegenzug für die Abtretung einiger Gebiete an Preußen den Nordteil des damaligen Departements Donnersberg. Dazu gehörten die Städte Bingen, Mainz, Worms und Alzey. Am 8. Juli 1816 wurde die Urkunde von Großherzog Ludwig unterzeichnet, und seine neue, linksrheinische Provinz erhielt den Namen „Rheinhessen". Erst nach dem Zweiten Weltkrieg wurde die Region von Hessen getrennt. 1946 wurde Rheinhessen zu einem Regierungsbezirk des neu gegründeten Bundeslandes Rheinland-Pfalz, aber viele französische Einflüsse überdauerten die Zeit. Seit der Auflösung der Regierungsbezirke im Jahre 2000 ist Rheinhessen keine politische Einheit mehr. Im Jubiläumsjahr mit seinem umfangreichen Programm geht es daher vor allem um die regionale Identität und um regionales Marketing.

Rheinhessen ist bis heute das Land der Heiligen Hildegard von Bingen und des Millennium-Mannes Johannes Gutenberg, aber es ist vor allem auch ein Land der Reben. „Das Gesicht der Landschaft bleibt gelassen und anspruchslos", schrieb einer der berühmtesten Söhne der Region, Carl Zuckmayer. Das „Land der 1000 Hügel" ist der Riese unter den deutschen Anbaugebieten. Längst zählt hier nicht mehr nur Masse, sondern auch Klasse. Die rheinhessischen Winzer haben sich den Respekt ihrer Kollegen verdient.

Mit mehr als 26.000 Hektar Rebfläche nimmt die Region inzwischen eine Spitzenstellung ein. Etwa 110 Millionen Rebstöcke ergeben heute ein Viertel des in Deutschland erzeugten Mostes. Dass Rheinhessen für den Weinbau eine ideale Region ist, hat viele Gründe. Das Klima ist vergleichsweise niederschlagsarm, mit warmen Sommern und milden Wintern. Die Sonnenscheindauer von 1.700 Stunden ist beachtlich, die Regenmenge von rund 500 Millimetern im Jahr recht gering.

Rheinhessen ist eine anmutige, große Ansammlung von 133 Weindörfern. Unterteilt ist die Weinregion Rheinhessen in drei Bereiche: das Wonnegau, die Region um Bingen und die Region um Nierstein. Diese drei Bereiche sind wiederum in 23 Großlagen unterteilt. Insgesamt gibt es in Rheinhessen 414 Einzellagen, darunter so berühmte wie die älteste deutsche Weinlage überhaupt, das „Niersteiner Glöck".

Anders als etwa an der Mosel oder im Rheingau werden die Weinberge in Rheinhessen nicht von einer einzigen Rebsorte dominiert. Die rheinhessischen Winzer gehören vielmehr zu den experimentierfreudigen ihrer Zunft, die auf ihren Weinbergen vielen Neuzüchtungen eine Chance gegeben haben, sich zu bewähren. Kein anderes deutsches Anbaugebiet wartet mit einem solchen Strauß an weißen und an roten Rebsorten auf. Allerdings gibt es einen Trend weg von Neuzüchtungen früherer Jahre hin zu klassischen Rebsorten wie Riesling und Burgunder. Eine positive Entwicklung, mit der die Erzeuger einmal mehr den Anspruch einer ganzen Region unterstreichen: Rheinhessen ist das Land der Winzer.

3. Ein Riese in Zahlen

Steckbrief Rheinhessen

Weinanbaugemeinden: 133

Gesamtfläche: 1.401 Quadratkilometer

Rebfläche (bestockt):
26.600 Hektar, davon 25.700 Hektar im Ertrag

Bereiche: 3 (Bingen, Nierstein, Wonnegau)

Großlagen: 23 (Bereich Bingen: Abtey, Adelberg, Kaiserpfalz, Kurfürstenstück, Rheingrafenstein, Sankt Rochuskapelle; Bereich Nierstein: Auflangen, Domherr, Güldenmorgen, Gutes Domtal, Krötenbrunnen, Petersberg, Rehbach, Rheinblick, Sankt Alban, Spiegelberg, Vogelsgärten; Bereich Wonnegau: Bergkloster, Burg Rodenstein, Domblick, Gotteshilfe, Liebfrauenmorgen, Pilgerpfad, Sybillenstein)

Einzellagen: 414

Rebstöcke:
ca. 110 Millionen

Betriebe mit Flaschen-
weinvermarktung:
rund 1.600

Jahresernte:
2,6 Millionen Hektoliter

Durchschnittsertrag:
durchschnittlich 100
Hektoliter/je Hektar

Klima: niederschlagsarm,
sommerwarm, wintermild

Regen: 500 mm/Jahr

Rebsortenverteilung:
69 Prozent Weißwein, 31 Prozent Rotwein und Rosé

Meist angebaute Weißweinsorten:
Riesling (4.267 Hektar) vor Müller-Thurgau (4.241 Hektar)
und Silvaner (2.271 Hektar) sowie den Burgundersorten

Meist angebaute Rotweinsorten:
Dornfelder (3.535 Hektar) vor Spätburgunder und Portugieser (jeweils 1.440 Hektar) sowie Regen (752 Hektar)

Beste Jahrgänge (seit 2000):
2001, 2003, 2005, 2009, 2012

4. Riesling schlägt Müller-Thurgau

Tendenz hin zu den klassischen Sorten

Der Strauß der Rebsorten ist in Rheinhessen nach wie größer als in jedem anderen deutschen Anbaugebiet, und die Experimentierlust der Winzer ist ungebrochen. Dennoch zeichnet sich wieder ein Trend hin zu den klassischen Leitrebsorten wie Riesling und weißen und roten Burgundern ab. Sie haben den größten Zuwachs zu verzeichnen. Gewinner sind vor allem die Burgundersorten, deren schnelle Flächenzunahme in den Weinbergen erstaunlich ist.

Weißwein dominiert

Trotz der Popularität des Dornfelders und der Vorliebe vieler Weintrinker für Rotwein: Rheinhessen ist nach wie vor ein Weißweinland. Auf insgesamt rund 18.300 Hektar, damit fast 70 Prozent der Rebfläche, werden weiße Sorten angebaut.

Riesling

In den früheren Ausgaben dieses Weinführers stand der Riesling auf dem zweiten Platz in der Rebsortenstatistik, doch das hat sich geändert. Die deutsche Leitrebsorte, mit der sich am ehesten auch international punkten lässt, ist auf dem Vormarsch. Sie hat seit dem Jahr 2000 um mehr als 1.500 Hektar zugelegt und mit 4.267 Hektar die Spitzenposition eingenommen. Allein zwischen 2000 und 2010 wurde ein Zuwachs um mehr als 50 Prozent verzeichnet. Das verwundert nicht. Riesling ist die vielseitigste Rebsorte der Welt, denn der Wein kann jung oder alt, trocken oder süß, als Essensbegleiter oder als Solist ein Genuss sein. In den kühleren, nördlichen Weinanbaugebieten Europas gedeiht er besonders gut. Das hat seinen Siegeszug stark begünstigt.

Müller-Thurgau

Lange Zeit stand der im Rheingau gezüchtete Müller-Thurgau einsam an der Spitze in Rheinhessen. Im Jahr 2013 allerdings ist er erstmals hinter den Riesling zurückgefallen. Häufig wird er als trockener, leichter Sommerwein unter dem modernen Synonym „Rivaner" vermarktet. Im Jahr 2012 feierte er seinen 130. Geburtstag: 1882 war er von Professor Hermann Müller aus dem Schweizer Kanton Thurgau an der Forschungsanstalt Geisenheim als vermeintliche Kreuzung aus Riesling und Silvaner gezüchtet worden. Es war aber ein Betriebsunfall im Gewächshaus, denn der „Vaterschaftstest" der Genetiker ergab gut 100 Jahre später zweifelsfrei die französische Tafeltraubensorte Madeleine Royale als Vater. Er ist ein perfekter Schoppenwein, der meist jung getrunken werden will. Dennoch wird sein Anteil wohl sukzessive noch weiter zurückgehen.

Silvaner

Mit weniger als 2.400 Hektar Rebfläche ist der Silvaner im rheinhessischen Rebsortenspektrum auf Rang drei zurückgefallen. So wie der Müller-Thurgau verzeichnete er in den zurückliegenden Jahren einen deutlichen Rückgang beim Anbau. Dennoch ist Rheinhessen neben Franken immer noch das wichtigste Anbaugebiet für diese Traditionssorte, aus der große Weine gekeltert werden können. Silvaner sind sehr aussagekräftige Botschafter ihres Terroirs. In guten Jahren und angebaut in guten Lagen können Spitzenweine mit Bukett, Extrakt und Körper erzeugt werden, die zu den besten Weißweinen in Deutschland gehören.

Weiße Burgunder

Die Gewinner in der Gunst der rheinhessischen Winzer sind Grauer Burgunder, Weißer Burgunder und Chardonnay. Der Graue Burgunder steht mit einem Zuwachs von mehr als 300 Prozent seit dem Jahr 2000 auf Rang vier der weißen Rebsortenstatistik, knapp gefolgt vom Weißburgunder. Chardonnay legte um mehr als das Dreifache von knapp 200 auf zwischenzeitlich mehr als 600 Hektar zu. Dagegen zählen Kerner und Scheurebe, Bacchus und Faberrebe, Huxelrebe und Ortega allesamt zu den großen Verlierern.

Rotwein boomt

Rheinhessen ist kein traditionelles Anbaugebiet für Rotwein in Deutschland, auch wenn es einige traditionsreiche Rotweininseln wie Ingelheim gibt. Vor 100 Jahren waren noch weniger als zehn Prozent der Rebfläche mit roten Sorten bestockt. Heute sind es immerhin 31 Prozent (8.300 Hektar) der Rebfläche Rheinhessens. Die Winzer haben damit auf den Rotweinboom unter den deutschen Weinfreunden reagiert, und der Dornfelder hat den Siegeszug der „Roten" lange einsam angeführt. Doch der Spätburgunder holt zügig auf.

Dornfelder

Mit 3.535 Hektar Rebfläche ist der Dornfelder nach wie vor die wichtigste Rotweinsorte in Rheinhessen. Sie wurde 1955 gezüchtet und ist eine Kreuzung aus Helfensteiner und Heroldrebe. Ihr Name geht auf einen Weingutsverwalter zurück, der Mitte des 19. Jahrhunderts die Anregung zur Gründung einer Weinbauschule in Württemberg gab. Dornfelder steht für hohe Erträge. Die Weintrinker mögen die dunkle Farbe und den fruchtbetonten Geschmack. Inzwischen allerdings stagniert die Anbaufläche.

Portugieser

Auf weniger als 1.500 Hektar Rebfläche wächst dieser unkomplizierte Rotwein, der einen süffigen Schoppen liefert. Seine guten Erträge und seine geringen Ansprüche an den Boden erhalten dem Portugieser die Wertschätzung der rheinhessischen Winzer. In guten Jahren lassen sich der Rebsorte allerdings auch feine Weine mit hohem Qualitätsanspruch abringen. Geschmacklich zeigen die Weine Aromen von roten Johannisbeeren und reifen Himbeeren. Die Weine sind meist feinfruchtig mild mit wenig Gerbstoff.

Spätburgunder

Rheinhessens Winzer setzen nicht nur vermehrt auf die weißen Burgundersorten, sondern wenden sich auch zunehmend dem Spätburgunder zu. Inzwischen hat der aus dem Burgund stammende Rotwein bei der Rebfläche den Portugieser eingeholt. Und die Tendenzen sind eindeutig. In sehr naher Zukunft wird der Spätburgunder die Nummer zwei unter Rheinhessens Rotweinen sein.

Geschmacklich steht er für viele Weinliebhaber schon jetzt auf dem ersten Platz, obwohl sein Anbau nicht einfach ist. Die rote Diva unter den Rebsorten stellt hohe Ansprüche, nicht nur an das Terroir, sondern auch an den Winzer. Typisch sind Aromen von Kirsche und Brombeere. Ob der Spätburgunder im kleinen Barriquefass an Ausdruckskraft und Qualität gewinnt, ist vor allem eine Geschmacksfrage.

Und sonst?

Internationale Sorten wie Merlot und Cabernet Sauvignon sind dank des Klimawandels und der immer günstigeren Anbaubedingungen im Kommen, ihr Zuwachs ist enorm. Eine wichtige Rolle spielen nach wie vor Saint Laurent und Regent, auch wenn ihre Bedeutung inzwischen leicht rückläufig ist.

5. Wie die Winzer zu Wirten wurden

Die Zahl der Straußwirtschaften und Gutsschänken in Rheinhessen ist einer steten Veränderung unterworfen. Nach einer Übersicht des Landes Rheinland-Pfalz sind es mehr als 200 Straußwirtschaften und Gutsschänken. Die Zahl der Gutsschänken wächst, weil die Direktvermarktung der Winzer an Bedeutung gewinnt.

5a. Was ist eigentlich eine Straußwirtschaft?

Seit zwölf Jahrhunderten signalisiert der gebundene Strauß vor dem Haus, dass der Winzer nun bereit ist, seine Privaträume für eine gewisse Zeit mit Gästen zu teilen, um ihnen den selbst angebauten Wein zu kredenzen. Kaiser Karl der Große war es, der es den Winzern vorgemacht hat, denn in seinen auf das Jahr 794 datierten „Kapitularien" (Regeln) verfügte er, dass jedes seiner Weingüter einen Ausschank betreiben und diesen durch Sträuße oder Kränze am Hoftor anzeigen müsse.

Seither bessern viele Winzer ihre Kasse durch einen eigenen Ausschank auf. In der Vergangenheit taten sie dies öfter vor allem nach allzu üppigen Ernten oder miserablen Jahrgängen, wenn der Absatz des dann ebenso miserablen Weins stocken wollte. Straußwirtschaften waren also auch ein wichtiges Ventil, wenn die Keller zu voll waren und die neue Ernte langsam näher rückte. Das ging so weit, dass die Obrigkeit bald Regelungen erließ und die Zahl der Straußwirtschaften begrenzte.

Diese Zeiten sind längst vorbei, doch Regeln gibt es immer noch. Allerdings fallen Straußwirtschaften im Gegensatz zu Gutsschänken unter eine Ausnahmeregelung des rheinland-pfälzischen Gaststättengesetzes. Der Ausschank von selbsterzeugtem Wein ist auf die Dauer von höchsten vier Monaten begrenzt. Diese Zeitspanne darf auf zwei Zeiträume, etwa im Frühjahr und vor der Lese im Herbst, verteilt werden. Die Straußwirtschaft bedarf keiner formellen Erlaubnis. Ihr Betrieb muss aber mindestens zwei Wochen vor Eröffnung den Behörden mit Details (Zeitraum, Räume, Weine, Traubenherkunft) angezeigt werden.

Grundsätzlich dürfen nur „einfach zubereitete Speisen" angeboten werden. Nur gut, dass die Fantasie der Winzerfrauen und -mütter meist deutlich über das Vorstellungsvermögen der Bürokraten, was eine „einfach zubereitete Speise" ist, hinausreicht. Dieser Fantasie verdanken wir eine häufig kreative, frische und schmackhafte Küche, die den Gang in die Straußwirtschaft trotz rigider, zum verständlichen Schutz der „normalen Gastronomie" erlassenen Beschränkungen, zu einem kulinarischen Erlebnis machen kann.

5b. ... und was eine Gutsschänke?

Viele Gutsschänken sind im Kern noch immer eine Straußwirtschaft. Oft ist die Umwandlung nur die Konsequenz des eigenen Erfolgs. Vier Monate genügen eben manchmal nicht mehr, um die Schar der Gäste zufriedenzustellen. Manchmal will auch die ambitionierte Küche den Gästen mehr als einfaches Schnitzel und eine Fleischwurst anbieten.

Dann allerdings steht der Gang zur Behörde an, denn eine Gutsschänke unterliegt im Gegensatz zur Straußwirtschaft allen Regeln des Gaststättenrechts.

Das bedeutet erhöhte Anforderungen in vielerlei Hinsicht, und die Behörden prüfen solche Betriebe mit einem strengeren Maßstab als eine Straußwirtschaft, die eine „Weinkneipe auf Zeit" ist. Dafür sind die Öffnungszeiten der Gutsschänken nicht beschränkt, gibt es keine engen Schranken für das kulinarische Angebot, es dürfen unbegrenzt viele Gäste bewirtschaftet werden, deren Erwartungen an Service und Angebot aber auch häufig höher sind als in einer Straußwirtschaft, der man immer wohlwollend einen „Amateurstatus" zubilligen sollte.

Die Befreiung von den Fesseln einer Straußwirtschaft bedeutet aber nicht automatisch, dass die Gutsschänke ein vollwertiges Restaurant mit den Weinen nur eines Winzers ist. Viele Winzer schöpfen die Möglichkeiten des Gaststättenrechts nämlich keineswegs aus. Manche Gutsschänke ist mithin ein vollwertiges Restaurant, andere dagegen sind nur eine „verlängerte" oder „erweiterte" Straußwirtschaft.

Oft sind selbst die Öffnungszeiten der Schänken nur unwesentlich länger als die einer Straußwirtschaft – und genauso unsicher –, und nicht immer ist das Angebot an Speisen tatsächlich größer. Und über die Gemütlichkeit und die Qualität von Wein und Speise sagt die Bezeichnung Gutsschänke erst recht nicht viel aus. Sie verheißt aber das Bemühen, den Gast professioneller als in einer Straußwirtschaft zu verwöhnen.

6. Weinqualität entscheidet

Wie der „Weinschmecker" bewertet

Dieser Führer listet nicht nur sorgsam ausgewählte und mehrfach getestete Betriebe auf, er bewertet sie auch. Diese Straußwirtschaften und Gutsschänken sind uneingeschränkt empfehlenswert. Es sind nach der Überzeugung der Autoren „die Besten in Rheinhessen", wobei nur Schänken berücksichtigt werden, die mindestens fünf Wochen im Jahr geöffnet sind. Eine differenzierte Bewertung soll den Ansprüchen der Leser gerecht werden. Den einen verlangt es vor allem nach einem Spitzenwein, den zweiten nach einer frischen, kreativen Küche, den dritten nach einer besonders gemütlichen Atmosphäre. Weinqualität, Speisen und Ambiente werden deshalb gesondert benotet. Eine Aufnahme in diesen Führer erreicht nur, wer in jeder Kategorie die Mindestanforderung erfüllt. Die Gesamtnote nimmt auf die doppelt bewertete Qualität des Weins Rücksicht, denn schließlich geht es um Weingüter mit angeschlossener Gastronomie. Der Winzer, der ausschenkt, will und muss vorrangig am Ergebnis seiner Arbeit in Weinberg und Keller gemessen werden.

Kriterium: Weinqualität und Weinauswahl

gut – ein rebsortentypischer, reintöniger Rheinhessischer Wein

sehr gut – Wein mit hohem Qualitätsanspruch

außerordentlich – zählt zur Spitze des Gebietes

exzellent – Top-Weine eines Spitzenerzeugers

Kriterium: Speisen

hier steht der Wein klar im Vordergrund

zuverlässig und gut in Sortiment und Güte

besonders pfiffig, lecker, kreativ

für die Feinschmecker unter den Schoppenpetzern

Kriterium: Ambiente

rustikale rheinhessische Gemütlichkeit

überdurchschnittlich und mit Liebe zum Detail

hier steht der Gast so schnell nicht wieder auf

stilvoll und mit besonders viel Atmosphäre

Gesamtbewertung:

uneingeschränkt empfehlenswert

überdurchschnittlich für Rheinhessen

eine der Spitzenadressen in der Region

nahe an der Perfektion

Familien willkommen

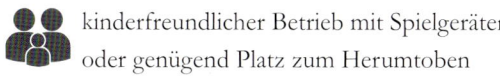

kinderfreundlicher Betrieb mit Spielgeräten
oder genügend Platz zum Herumtoben

Fernsicht und Weitblick

Schänke mit besonders schöner Aussicht

7. Rheinhessische Spitzen: Die „Top 44"

7a. An der Rheinfront

Dreikönigshof

Straußwirtschaft
Weingut Familie Krick

Dreikönigsstraße 5
55411 Bingen-Kempten
Telefon 06721/14009

E-Mail service@weingut-dreikoenigshof.de
Internet www.weingut-dreikoenigshof.de

Öffnungszeiten:	Mitte März bis Anfang Mai und Mitte September bis Anfang November. Montag bis Samstag ab 17 Uhr (Dienstag Ruhetag), Sonntag und Feiertag ab 15 Uhr.
Reservierung:	ja

DAS BESONDERE:
Jährliches Hoffest (Mitte Mai, mit Jahrgangspräsentation). Geschützter Innenhof ermöglicht Kindern weitgehend sicheres Spielen - öffentlicher Spielplatz in direkter Nachbarschaft. Teilnahme am Binger Highlight „Nacht der Verführung". Angebote für Reisegruppen.

Stätte der modernen Weinromantik

Jörg Krick hinterlässt immer mehr seine Spuren. Die Weine – unter anderem aus der Toplage Scharlachberg – erhielten in den letzten Jahren zahlreiche Auszeichnungen. Quarzit und verwitterter Schiefer lassen in den Südlagen Gewächse mit hoher Mineralität entstehen. Es ist wohl dieses vollmundige Aroma, das in so vielen romantischen Weinliedern besungen wird. Der Betrieb wird von den Rebsorten Silvaner, Riesling und den Burgunder-Gewächsen dominiert.

Dazu passen die von Mutter Kornelia und Schwiegertochter Kathrin präsentierten guten und herzhaften, typisch rheinhessischen Speisen. Zum Beispiel „Dreikönigsstiggel" (belegte Stange) und „Winzer Goldstücke" (Camembert) oder aber auch ein „Ciabatta Toscana". Und die Straußwirtschaft im Stile einer modernen Vinothek bildet den passenden Rahmen.

EINZELBEWERTUNG

Wein:

Speisen:

Ambiente:

Gesamtbewertung:

Göttelmann

Gutsausschank
Weingut Göttelmann

Rheinstraße 77
55424 Münster-Sarmsheim
Telefon 06721/43775

E-Mail
goettelmannwein@aol.com
Internet
www.goettelmann-wein.de

Öffnungszeiten:	Ende Februar bis Ende Oktober. Donnerstag bis Samstag ab 18 Uhr, Sonntag ab 17 Uhr.
Reservierung:	ja

DAS BESONDERE:

Spitzenwein „Le Mur" (Riesling-Mauerwein mit natürlichen Hefen). Heimelige Gasträume, mediterraner Innenhof.

„Grenzgänger"-Weine der Extraklasse

Zugegeben: ein „Grenzübertritt" – aber dieses Weingut betreibt einfach einen Top-Gutsausschank. Und er ist nicht nur einer der beliebtesten an der Nahe (wozu der Betrieb vom Weingebiet her zählt), sondern inzwischen auch in Rheinhessen (wozu die Gebietskörperschaft Münster-Sarmsheim gehört). Was Diplom-Ingenieur Götz Blessing aus Lagen wie „Münsterer Dautenpflänzer" oder „Münsterer Kapellenberg" in den Keller und von dort aus in die Flasche bringt, ist schon bemerkenswert. Jahr für Jahr. In dem Weingut dominiert der Riesling. Spätburgunder und Grauburgunder sind die weiteren Eckpfeiler des Sortimentes. „Beim Göttelmann" lässt sich die Harmonie von Speisen und Weinen erleben.

EINZELBEWERTUNG

Wein: 🍾🍾🍾🍾

Speisen: 🍴🍴🍴

Ambiente: ❤❤❤❤

Gesamtbewertung: ★★★★

Heise am Kranzberg

Gutsschänke
Weingut Heise

Karolinger Straße 15
55283 Nierstein
Telefon 06133/5587

E-Mail
kranzberg@t-online.de
Internet
www.heise-am-kranzberg.de

Öffnungszeiten: Anfang März bis Ende Oktober. Samstag, Sonntag und Feiertag ab 17 Uhr. Immer freitags (während der Saison): Vinothek-Abend von 17 bis 20 Uhr.

Reservierung: ja

DAS BESONDERE:
Interessante Wein-Accessoires wie „Riesling Senf Kranzberg Spätlese" oder Wildkräuter-Pesto. Weinbergsführungen und Planwagenfahrten am Roten Hang entlang. Teilnehmer am „Winzer-Frühlingserwachen" (Ende März), Niersteiner Winzerfest (Ende Juli) und Tage der offenen Winzerhöfe/Weinkeller (September).

Weinfreude an der Pforte zum „Roten Hang"

A m Fuß des Roten Hangs gelegen, ist die Guts-schänke von Ingrid und Thomas Heise sozusa-gen die südliche Pforte zu dieser weltberühmten Steillage. Geologisch ist hier die Grenze zwischen dem Mainzer Becken und dem Oberrheingraben. Der dortige rote Tonschiefer bringt mineralstoffreiche Weine hervor. Sie bestimmen auch das Angebot von „Heise am Kranz-berg". Rieslinge vom Hipping, Pettenthal oder Oelberg sind per se schon ein Qualitätsversprechen, hier lässt es sich nachempfinden. Ob bei den Weißwein- oder Rot-weinsorten, Freunde edelsüßer Weine dürften sich hier wohlfühlen. Heises lassen ihre Gewächse gezügelt vergä-ren, verlangsamen also die Vergärung/Fermentierung, um reintönige, duftige und frische Weine zu erhalten.

EINZELBEWERTUNG

Wein:

Speisen:

Ambiente:

Gesamtbewertung:

Karthauserie

Straußwirtschaft
Weingut Karthäuserhof

Militärstraße 2
55129 Mainz-Hechtsheim
Telefon 06131/5849016

E-Mail
info@diekarthauserie.de
Internet
www.diekarthauserie.de

Öffnungszeiten:	Ganzjährig. Dienstag bis Samstag ab 17 Uhr, Sonn- und Feiertage ab 15 Uhr.
Reservierung:	ja

DAS BESONDERE:

Weine aus bekannten Lagen links und rechts des Rheins: Rauenthaler Steinmächer, Schiersteiner Hölle, Hechtsheimer Kirchenstück und Mainzer St. Alban. Gemütlicher, überdachter Außenbereich.

Zwei Anbaugebiete, ein Degustationsort

So etwas konnte „Der Rheinhessische Weinschmecker" auch noch nicht vorweisen: eine Straußwirtschaft sowohl mit rheinhessischen als auch Rheingauer Weinen. Erst „Die Karthauserie" machte es möglich. Mit einer etwas verworrenen Historie: Konrad Meier erwarb den Karthäuserhof (das Weingut) in Mainz-Hechtsheim in den 1930 Jahren. Zeitgleich bewirtschaftete die Familie den „Söhnleinschen Zehntenhof" in Wiesbaden-Schierstein. 1990 erfolgte zudem die Übernahme des Weingutes Jamin in Mainz-Weisenau. Und die beiden „Kathauserie-Betreiber, Marco und Christine Spindler-Meier (Karthäuserhof-Winzertochter), erwarben 2009 schließlich den ehemaligen Ringhof. Dort leben sie ihren Straußwirtschaftstraum. Mit traditionellen Rebsorten und bodenständigen Speisen.

EINZELBEWERTUNG

Wein:

Speisen:

Ambiente:

Gesamtbewertung:

Kruger-Rumpf

Gutsausschank
Weingut Kruger-Rumpf

Rheinstraße 47
55424 Münster-Sarmsheim
Telefon 06721/43859

E-Mail weingut@kruger-rumpf.com
Internet
www.kruger-rumpf.com

Öffnungszeiten:	Ganzjährig. Dienstag bis Freitag ab 17 Uhr. Samstag von 12 bis 14 und ab 17 Uhr. Sonn- und Feiertag ab 12 Uhr.
Reservierung:	ja

DAS BESONDERE:

Tolle Räumlichkeiten: Weinstube in einem 1830 erbauten, denkmalgeschützten Gutshaus. Steinhaus mit Kreuzgewölbe. Historischer, romantischer Garten.

Rieslinge auf Weltniveau

Wem der Kopf nach etwas Besonderem steht, der ist bei Kruger-Rumpfs bestens aufgehoben. Hier werden gute und schlechte Ereignisse eines Tages bei edelsten Weinen und feinen Speisen fast aus dem Gedächtnis gestrichen. Deshalb stört es niemanden, dass dieses VDP-Weingut zur Nahe und nicht (allerdings raumordnerisch) zu Rheinhessen zählt. Über 300 Jahre Weinbau-Tradition stehen hinter diesem nahezu ständig ausgezeichneten Riesling-Betrieb. Ob „Münsterer Pittersberg", „Münsterer Dautenpflänzer" oder „Binger Scharlachberg" – das Weingut besitzt Top-Lagen, die stets „große Gewächse" erwarten lassen. Sie lassen sich ideal mit den regionaltypischen Gerichten einer anspruchsvollen Landküche prima verkosten.

EINZELBEWERTUNG

Wein:

Speisen:

Ambiente:

Gesamtbewertung: ★★★★

Zum Bethje Jean

Straußwirtschaft
Weingut Sans-Lorch

Mahlweg 4
55299 Nackenheim
Telefon 06135/2344

E-Mail info@sans-lorch.de
Internet www.sans-lorch.de

Öffnungszeiten:	Ostern bis Ende Juli und Mitte September bis Mitte Oktober. Donnerstag und Freitag ab 18 Uhr, Sonntag ab 16 Uhr.
Reservierung:	ja

DAS BESONDERE:
Sehenswert: der über 100 Jahre alte, ebenerdige Gewölbekeller, gemauert aus Sand- und Backstein, die Fenster mit Butzenscheiben versehen. Erlebenswert: Weinbergsrundfahrten (mit Funzeltour).

Wo es sich „dichtend" verweilen lässt

Carl Zuckmayer, Rheinhessens großer Heimatdichter, ist in Nackenheim allgegenwärtig – so wird auch „Zum Bethje Jean" ein entsprechender Wein ausgeschenkt. Und wer im eindrucksvollen Gewölbekeller dieses Weingutes sitzt, erwartet förmlich das Hereintreten des bekannten deutschen Schriftstellers. Bislang erschienen jedoch fast nur Mitglieder der Familie Sans-Lorch, um guten Wein und rustikale Speisen zu kredenzen. Christian Lorchs Weine sind traditionsgemäß gehaltvoll, zeigen Frucht und Frische. Die bekannten Lagen Rothenberg und Engelsberg (mit 290 Millionen altem roten Tonschiefer) liefern fruchtige Rieslinge. Ein breites Spektrum an Weiß- und Rotweinen lädt zum mehr oder weniger dichterischen Verweilen ein, nicht zuletzt in einem wunderschönen Garten.

EINZELBEWERTUNG

Wein:

Speisen:

Ambiente:

Gesamtbewertung:

Zwitscherstubb

Straußwirtschaft
Weingut Hans Andreas Strub

Oberdorfstraße 57
55283 Nierstein am Rhein
Telefon 06133/59765

E-Mail info@weinstrub.de
Internet www.weinstrub.de

Öffnungszeiten:	Anfang März bis Anfang Mai, Mitte September bis Mitte November. Freitag ab 18 Uhr, Samstag ab 17 Uhr, Sonntag ab 16 Uhr.
Reservierung:	nein

 DAS BESONDERE:
Weinproben auch auf Englisch, Weinbergsrundfahrten am Roten Hang.

Fröhlich am „Roten Hang" nippen

Sie lieben es räumlich „vollgestopft" und von der Einrichtung her „klassisch"? Dann sind Sie in der „Zwitscherstubb" goldrichtig. Üppig zieren unterschiedlichste Requisiten diese Straußwirtschaft. Und dennoch sind sie nur der Rahmen für eine besondere Atmosphäre. Wer überprüfen will, ob Rheinhessen fröhliche Mitmenschen sind, findet hier ein Vorzeige-Exemplar: Inhaber Rudolf Strub (leider ist sein kongenialer Partner Hennes Kissel altersbedingt ausgeschieden). Rudolf und Sohn Sebastian Strub leiten das Weingut, das Schieferlagen am weltberühmten Roten Hang besitzt. Was vom „Oelberg, Hipping oder Pettenthal" kommt, wird nach dem VDP-System (Gutsweine, Lagenweine, Ortsweine) kategorisiert und mit manch schalkhafter Bemerkung ausgeschenkt.

EINZELBEWERTUNG

Wein:

Speisen:

Ambiente:

Gesamtbewertung:

7b. In der Rheinhessischen Schweiz

Dohlmühle

Gutsschänke („Weinstube")
Weingut Familie Stütz

An der Dohlmühle 7
55237 Flonheim
Telefon 06734/941010 o.
06734/941041

E-Mail info@dohlmuehle.de
Internet www.dohlmuehle.de

Öffnungszeiten:	Anfang Februar bis Ende November. Donnerstag bis Samstag ab 17.30 Uhr, Sonntag und Feiertag ab 16 Uhr.
Reservierung:	ja

DAS BESONDERE:
Restaurant „Weingewölbe". Gästehaus mit Wellness-Bereich und Tagungsräumen. E-Bike-Verleih.

Anspruchsvolle Weine in Gastro-Paradies

Rheinhessen hat viele kleine Landschafts- und Weinparadiese zu bieten, aber noch wenige Vier-Sterne-Betriebe. Die erste Auszeichnung dieser Art erhielt vom Deutschen Hotel- und Gaststättenverband (DEHOGA) bereits 2009 die Dohlmühle. Dieses Refugium wird so mancher Bacchant sicherlich eher als gehobene Gastronomie einstufen, aber für den „Rheinhessischen Weinschmecker" erfüllt die Dohlmühle noch diese wichtigen Kriterien: eigener Wein und mehrere Wochen geöffnete Weinstube. Die Gewächse aus dem Weingut der Familie Stütz sind anspruchsvoll. Und was der langjährige Küchenchef, Rolf von der Heide, alle zwei Wochen an Neuem auf den Tisch zaubert, ist wahrlich der Sterneküche schon sehr nahe.

EINZELBEWERTUNG

Wein:

Speisen:

Ambiente: ❤ ❤ ❤ ❤

Gesamtbewertung: ★ ★ ★

Espenhof

Gutsausschank
Weingut Espenhof

Hauptstraße 81
55237 Flonheim-Uffhofen
Telefon 06734/94040

E-Mail landhotel@espenhof.de
Internet www.espenhof.de

Öffnungszeiten:	Ganzjährig. Dienstag bis Samstag ab 17.30 Uhr, Sonn- und Feiertage von 12 bis 14 Uhr und ab 17.30 Uhr. Von Mai bis September samstags ab 14 Uhr.
Reservierung:	ja

DAS BESONDERE:

Wollen Sie wissen, wo die „rheinhessische Toscana" ist, Flonheim-Uffhofen und der Espenhof sind selbstredende Zeugnisse dafür. Mediterraner Weingarten, in den Sommermonaten geöffnet.

Sterne für ein starkes Stück Rheinhessen

Um es vorwegzunehmen: Der Espenhof ist ein starkes Stück Rheinhessen! Für das eindrucksvolle und gekonnte Gesamtkonzert aus Weingut, Restaurant und Landhotel gab zu Recht die DEHOGA-Auszeichnung „Drei Sterne Superior". Die vielfältigen Espenhof-Weine überzeugen und gehören in der Tat zur Spitze Rheinhessens. Begünstigt von viel Sonne und wenig Regen (regenärmste Region Deutschlands) wachsen die Reben unter nahezu idealen Bedingungen auf unterschiedlichsten Böden. Kellermeister Nicolas „Nico" Espenschied weiß diese Unterschiede in den Weiß- und Rotweinen überzeugend darzustellen. Und für die kontinuierliche Top-Küchenleistung ist der Espenhof – trotz wechselnder guter Köche – seit Langem bekannt.

EINZELBEWERTUNG

Wein: 🍷🍷🍷🍷

Speisen: 🍴🍴🍴🍴

Ambiente: ❤❤❤❤

Gesamtbewertung: ✦✦✦✦

Kleines Rheinhessen

Gutsausschank
Weingut Alte Schmiede

Sandgasse 8
55599 Siefersheim
Telefon 06703/705

E-Mail willkommen@kleines-rheinhessen.de
Internet
www.kleines-rheinhessen.de

Öffnungszeiten: Fast ganzjährig (aber unterschiedliche Termine), auf jeden Fall an den Themenwochenenden der „AG Straußwirtschaften und Gutsschänken in Rheinhessen". Freitag und Samstag ab 18 Uhr, Sonntag und Feiertag ab 16 Uhr.

Reservierung: ja.

DAS BESONDERE:

Bio-Weingut (vegane Weine), Innenhof mit Trullo (Weinbergshäuschen). Schnuckelige Gutsschänke mit kreativer Küche. Geheimtipp: In der „Siefersheimer Heerkretz" eine Flasche Wein, 180 Lavendelstöcke entlang einer restaurierten Trockenmauer und einen tollen Talblick genießen.

Die Silvaner-Schmiede

W er die rheinhessische Weinszene regelmäßig im Blick hat, landet irgendwann bei diesem Weingut in der rheinhessischen Schweiz. Die Freunde gepflegter Gastlichkeit kennen diese Stätte als „Kleines Rheinhessen" schon länger. Fast schüchtern wirken Andreas Seyberth und seine Frau Alexandra bei den großen Weinverkostungen – inzwischen wissen sie, Winzer-Kollegen und andere Weinfans vor allem Seyberths Silvaner-Gewächse (darunter den Blauen Silvaner) zu schätzen. Auch der „Gault Millau Weinguide" hat bereits eine Empfehlung abgegeben. Wächst hier ein neuer Trauben-Betrieb heran? Die Siefersheimer Toplage Heerkretz bietet allemal das Terroir-Potenzial dazu.

EINZELBEWERTUNG

Wein:

Speisen:

Ambiente:

Gesamtbewertung:

Marlene

Gutsausschank
Weingut Pfennig

Wallertheimer Straße 19
55599 Gau-Bickelheim
Telefon 06701/7428

E-Mail pfennig@
weingut-pfennig.de
Internet www.weingut-
pfennig.de

Öffnungszeiten:	Anfang März bis zum dritten Advent. Donnerstag und Freitag ab 18 Uhr, Samstag ab 17 Uhr sowie Sonntag und Feiertag ab 16 Uhr.
Reservierung: ja	

 DAS BESONDERE:
Mediterran-anmutender Innenhof. Planwagenfahrten und Weinwanderungen.

Von Kopf bis Fuß auf Wein-Liebe eingestellt

mmer wieder Marlene ... Wer darüber nachdenkt, wo er etwa einen schönen Sommerabend im Rheinhessischen verbringen könnte, denkt unweigerlich (auch) an Marlene. Nein, nicht die große Dietrich, eher die „little Marlene" aus Gau-Bickelheim, namens Pfennig. Dort ist man allerdings auch von Kopf bis Fuß auf die Liebe – zum Wein – eingestellt. Dies wissen die Rheinhessenwein-Insider, so dass es gelegentlich vor dem großen Tor (jedoch nicht vor einer Kaserne) zu Wartezeiten kommt. Und bevor jemand anderes fragt, wo denn die Blumen sind, sollten Sie im Hof mit dem südländlichen Flair Platz nehmen. Oh ja, die Gutsschänke der Familie Pfennig ist immer einen Besuch wert.

EINZELBEWERTUNG

Wein:

Speisen:

Ambiente:

Gesamtbewertung:

7c. Im Rheinhessischen Hügelland

Altes Kelterhaus

Gutsschänke
Weingut Lich

Laurenziberg 6
55435 Gau-Algesheim
Telefon 06725/2411

E-Mail info@weingut-lich.de
Internet www.weingut-lich.de

Öffnungszeiten:	Februar bis Anfang Mai und Mitte Oktober bis Ende November. Samstag ab 18 Uhr und Sonntag ab 16 Uhr.
Reservierung:	ja

DAS BESONDERE:
Mehrere kulturelle Veranstaltungen im Sommer, Laurenzifest (Mitte August), Weinbergsfahrten, Weihnachtsmarkt (Ende November) und Gästezimmer.

Qualitätsfortschritte auf Familienbasis

Egal, ob tagsüber oder abends, wer zum Laurenziberg hochfährt, empfindet eine andere Welt. Das rheinhessische Hochplateau lockt mit einer weiten, faszinierenden Drei-Täler-Perspektive. Diesen wundervollen Blick eröffnet nicht zuletzt die Terrasse des Weingutes Lich. Dessen Gutsschänke ist seit über einem Vierteljahrhundert ein heißer Erholungstipp. Die familiäre Atmosphäre ist allgegenwärtig. Winzer Peter Lich tat gut daran, sich seit einigen Jahren nur noch auf den Weinbau zu konzentrieren. Gemeinsam mit Sandra, Diplom-Ingenieurin für Weinbau/Önologie, werden so kontinuierlich Qualitätssteigerungen erzielt. Bei Weinpreisen von 1,50 bis drei Euro bleiben die Weinschlotzer nicht aus, so dass stets eine Reservierung zu empfehlen ist.

EINZELBEWERTUNG

Wein:

Speisen:

Ambiente:

Gesamtbewertung:

Am Römerberg

Gutsschänke
Weingut Walter Strub

An der Kirchpforte 10
55270 Engelstadt
Telefon 06130/597

E-Mail info@weingut-strub.de
Internet www.weingut-strub.de

Öffnungszeiten:	Ganzjährig (bis auf Urlaub im Sommer und zum Jahreswechsel). Freitag und vor einem Feiertag ab 17 Uhr. Samstag ab 16 Uhr, Sonntag und Feiertag ab 11 Uhr.
Reservierung:	ja

DAS BESONDERE:
Schon dreimal in Folge zählt dieser Betrieb zu den 100 besten Weingütern in Deutschland. Für Radfahrer stehen jetzt 18 Stellplätze zur Verfügung, inklusive einer Ladestation für E-Bikes.

Wo Schildkröten Weintrinkern zuschauen

Auf geht's, zum Strub! Auch Kinder hören diesen Ausspruch gerne, denn diese Gutsschänke bietet den Kleinen ebenso Möglichkeiten (zum Spielen), vor allem im Außenbereich. Hier hat die Familie Strub – über die Jahre hinweg – einen richtig schönen Garten geschaffen, mit Spielplatz und einem (komplett sanierten) Teich. Während dort die Schildkröten relaxen, können nebenan die Weinfreunde der Kunst der Lebensfreude frönen. Die Weine sind vielfach prämiert (jetzt auch Staatsehrenpreis-Träger). Ein besonderes Faible hat Winzer Gunther Strub für den Chardonnay (auch als Barrique-Variante). Ansonsten verlässt er sich auf den Weiß- und Grauburgunder sowie Sauvignon Blanc – bei den „Roten" auf den Dornfelder. In der Küche weiß Ehefrau Susanne Bodenständiges zu präsentieren.

EINZELBEWERTUNG

Wein:

Speisen:

Ambiente:

Gesamtbewertung:

Beiser/Ottos

Gutsschänke
Weingut Beiser

Außerhalb 1
55578 Vendersheim
Telefon 06732/8732

E-Mail
weingutbeiser@t-online.de
Internet www.weingut-beiser.de

Öffnungszeiten:	Ende Februar bis Ende Mai und Anfang September bis Mitte November. Freitag und Samstag ab 18 Uhr. Ganzjährig (von Mitte Januar bis dritten Advent): Vinothek, immer montags ab 18 Uhr.
Reservierung:	ja

>> **DAS BESONDERE:**
Man muss ihn einfach mal erlebt haben: Senior-Chef Otto Beiser. Registriert im Weinführer „Eichelmann". Gästehaus. Klasse-Homepage.

Regelmäßiges Ziel vieler Weinpilger

Als ständigem Weintourist bleibt einem nicht verborgen, welche Entwicklungen diverse Weingüter in Rheinhessen genommen haben. Die Familie Beiser ist diesem Kreis zuzuordnen. Die Weine des Betriebes imponieren, vor allem die Rieslinge und Burgunder. Das Rheinhessische Hügelland mit seinen Böden aus Kalkstein, Löss, Lehm, Mergel und Muschelkalk hat seinen Anteil daran. Und seit noch nicht allzu langer Zeit erntet Simon Beiser, Diplom-Ingenieur Weinbau und Önologie, auch Trauben auf dem Quarzit-Terroir in der Steillage Binger Schlossberg/Schwätzerchen. Konsequente Qualitätsorientierung in Weinberg, Keller und Küche! Der Gutsausschank zählt seit über 25 Jahren zu den regelmäßigen Zielen vieler Weinpilger.

EINZELBEWERTUNG

Wein: 🍾🍾🍾🍾

Speisen: 🍴🍴🍴

Ambiente: ❤️❤️❤️❤️

Gesamtbewertung: ✦✦✦

Bernhard

Gutsschänke
Weingut Bernhard

Kirchgasse 12
55578 Wolfsheim
Telefon 06701/3578 o.
     06701/7130

E-Mail service@weingut-bernhard.de
Internet
www.weingut-bernhard.de

Öffnungszeiten: Ganzjährig mittwochs ab 18 Uhr.
Reservierung: ja

 DAS BESONDERE:
Erlebnis-Kellerführung, Weinbergswanderung und Planwagenfahrt.

„Mittwochs. 18 Uhr." – eine erfolgreiche Idee

Ausgezeichnete Weine von außergewöhnlichen Menschen." So wirbt das Weingut Bernhard. Und in der Tat findet das Wirken der emsigen Familie zunehmend Anerkennung. Drei Generationen haben das Weingut zu dem gemacht, wie es sich heute präsentiert – und mit der ältesten Tochter Martina steht schon die vierte Generation im Startloch. Die Auswahl an Liter-, Guts-, Premium- und Prädikatsweinen ist umfangreich und umfasst nahezu alle, für Rheinhessen typischen traditionellen und zeitgemäßen Rebsorten. Sie alle können in der Gutsschänke probiert werden, wo die von Sabine Bernhard (gelernte Köchin) servierten Gerichte bestens munden. Und mit dem ganzjährigen Öffnungstermin am Mittwoch haben die Bernhards mehrere Fliegen mit einer Klappe geschlagen: gut merkbarer Termin und mehr Zeit für das Kerngeschäft Wein.

EINZELBEWERTUNG

Wein:

Speisen:

Ambiente:

Gesamtbewertung:

Böhms Weingewölbe

Gutsschänke
Weingut & Destillerie Böhm

Schlagstraße 2-4
55285 Wörrstadt
Telefon 06732/9659096

E-Mail
weingut.boehm@t-online.de
Internet
www.weingut-boehm.de

Öffnungszeiten:	Ganzjährig. Montag bis Samstag ab 17.30 Uhr (Dienstag Ruhetag), Sonntag ab 11.30 Uhr.
Reservierung:	ja

DAS BESONDERE:
Eigene Brennerei. Kulinarische Weinproben. Perfekt für größere Feiern. Gästezimmer/Ferienwohnung. Barrierefrei.

Wohlfühlfaktor in zeitlosem Ambiente

Der Name ist Architektur. Monika und Stefan Böhm haben sich ein gastronomisches Ambiente geschaffen, das die Vergangenheit in die Gegenwart holt, ohne Vergangenheit zu sein. Sprich: Die Gutsschänke wirkt wie eine historische „Kuhkapelle", ist aber keine. Gleichwohl kann sich der Gast hier sehr wohlfühlen. Zumal die Familie Böhm auf eine Weinbau-Tradition seit 1887 verweisen kann. Wer das Potpourri an rheinhessischen Rebsorten schätzt, ist in Böhms Weingewölbe gut aufgehoben. Wann haben Sie zuletzt einen Traminer, Morio-Muskat oder eine Scheurebe getrunken? Bereits solchermaßen gaumenverzückt, dürfen Sie sich auf die pfiffigen und leckeren Speisen freuen. Sie werden von Küchenchef Alexander Scheirich „rheinhessisch kreativ" zubereitet.

EINZELBEWERTUNG

Wein:

Speisen:

Ambiente: ❤❤

Gesamtbewertung:

Borntaler Hof

Straußwirtschaft
Weingut Familie Hoch

Borntaler Hof
55578 Wallertheim
Telefon 06732/1247

E-Mail
info@weingut-hoch.com
Internet
www.weingut-hoch.com

Öffnungszeiten:	Ende Mai bis Ende Juli und Ende August bis Anfang Oktober. Freitag und Samstag ab 18 Uhr, Sonntag ab 17 Uhr.
Reservierung:	ja

DAS BESONDERE:
„Erlebnistag beim Winzer" - ob zum Rebschnitt oder im Herbst, hier ist pure Winzerpraxis angesagt; ihr Weinwissen profitiert davon. Gästezimmer.

Lust und Herzblut in Keller und Küche

Kennen Sie Wallertheim? Zwei Gründe sprechen dafür. Zum einen zählt die am Fuße des Wißbergs gelegene Gemeinde zum größten Weinbau betreibenden Landkreis Deutschlands: Alzey-Worms. Zum anderen ist der Borntaler Hof ein Refugium für Straußwirtschaftsfreunde. Von der Familie Hoch mit Herzblut geführt, können Sie wahrlich eintauchen in rheinhessische Wein- und Küchenkultur. Das Rebensortiment ist umfassend, sprich: zeigt die Vielfalt Rheinhessens – nicht zuletzt mit starken Barrique-Rotweinen. Die 2011 vorgenommene Umstellung auf den ökologischen Anbau trägt schmackhafte Früchte, nicht nur beim preisgekrönten Schoppenwein. Alexander Hoch (Weinbautechniker) und seinem Vater Heinz-Günther (Winzermeister) ist die Lust zum Weinmachen förmlich anzusehen.

EINZELBEWERTUNG

Wein:

Speisen:

Ambiente:

Gesamtbewertung:

Eberle-Runkel

Straußwirtschaft
Weingut Eberle-Runkel

Niedergasse 25
55437 Appenheim
Telefon 06725/2810

E-Mail info@weingut-
eberle-runkel.de
Internet www.weingut-
eberle-runkel.de

Öffnungszeiten:	Mitte Mai bis Mitte September. Freitag ab 18 Uhr, Samstag ab 17 Uhr, Sonntag/Feiertag ab 16 Uhr.
Reservierung:	ja

DAS BESONDERE:
Gewölbekeller aus dem 18. Jahrhundert. Schlachtfest. Essens-
spezialität: Winzersteak.

Zeugnis beharrlichen Willens zur Qualität

Wer im Sommer in der alten Hofreite zwischen blühenden Oleandern, Fuchsien und Hortensien sitzt, empfindet Gemütlichkeit. Auch die „Verpflanzung", bei schlechtem Wetter, in den wohl noch aus der Römerzeit stammenden Gewölbekeller, erzeugt Behaglichkeit. Stefan Runkels Kellerkünste ziehen mittlerweile professionelle Weinschmecker nach Appenheim. Empfehlungen in den bundesweit maßgebenden Weinführern belegen dies eindrucksvoll. Es sind vor allem die Rieslinge und Silvaner von den Appenheimer Top-Lagen Hundertgulden und Honigberg, die ebenso geschmacklich fesseln wie die Frühburgunder-Spät- und Auslesen. Rund 30 Jahre gibt es diese Gutsschänke schon, mit immer besseren Weinen, aber einer spürbaren, wohltuenden Bodenständigkeit.

EINZELBEWERTUNG

Wein:

Speisen:

Ambiente:

Gesamtbewertung:

Franzen

Gutsschänke Horn
Weingut Familie Franzen

Außerhalb 9/
Ebersheimer Berg
55268 Nieder-Olm
Telefon 06136/42484

E-Mail
info@horn-franzen-weingut.de
Internet
www.horn-franzen-weingut.de

Öffnungszeiten:	Februar bis Weihnachten. Montag bis Freitag ab 17 Uhr, Samstag, Sonn- und Feiertage ab 11 Uhr, Dienstag Ruhetag.
Reservierung:	ja

DAS BESONDERE:
Eigener Spargelanbau. Der Asparagus ist von Mitte April bis Ende Juni auch ein Dauerthema auf der monatlich wechselnden Speisekarte. Sehr schöner Wintergarten.

Wo die Vergangenheit noch „Früchte" trägt

I n exponierter Lage auf dem Ebersheimer Berg liegt diese schöne, professionell geführte Schänke der Familie Franzen. Wie viele Weingüter einst ein landwirtschaftlicher Mischbetrieb, der sich relativ spät ganz auf den Weinbau konzentrierte. Das Sortiment ist rheinhessisch-typisch vielseitig. Neben Riesling gibt es auch ausdrucksvollen Grauburgunder, fruchtigen Silvaner, kräftigen Chardonnay und einige andere Sorten im Angebot. Bei den Roten dominieren Dornfelder, Spätburgunder und Saint Laurent. Die vielseitige Küche hat eine erfreulich regionale Ausrichtung. Im Sommer ist die Terrasse ein wunderbarer Platz, um in die Landschaft zu blicken – in den Taunus, zum Donnersberg.

EINZELBEWERTUNG

Wein:

Speisen:

Ambiente:

Gesamtbewertung:

Gres

Straußwirtschaft
Weingut Gres

Ingelheimer Straße 6
55437 Appenheim
Telefon 06725/3310

E-Mail
weingut.gres@t-online.de
Internet www.weingut-gres.de

Öffnungszeiten:	Erstes Wochenende nach Fastnacht (Aschermittwoch) bis Pfingsten. Freitag und Samstag ab 17 Uhr, Sonntag und Feiertag ab 15 Uhr.
Reservierung:	ja

DAS BESONDERE:
Gästezimmer/Ferienappartments.

Ein Muss für rheinhessische Weinschmecker

Klaus Gres ist ein Macher. Einer, der mit dem Erreichten stets unzufrieden scheint. Und dennoch weiß er das Erreichte zu schätzen. Zwölf Staatsehrenpreise und sogar der Große Staatsehrenpreis (die höchste Auszeichnung des Landes Rheinland-Pfalz) zeugen von der qualitativen Schaffenskraft. Nicht zuletzt inspiriert durch die regelmäßigen Zusammenkünfte mit den Appenheimer Winzer-Kollegen. Gres-Weine sind fruchtig, opulent und im Geschmacksprofil durchaus internationalen Standards genügend. Vor allem bei den roten und weißen Cuvées zeigt der Appenheimer seine Klasse – längst anerkannt von den Testern der Weinführer Gault Millau, Eichelmann und Feinschmecker. Riesling, Silvaner und Spätburgunder haben die Vorherrschaft in Weinbergen und Keller.

EINZELBEWERTUNG

Wein:

Speisen:

Ambiente:

Gesamtbewertung:

Historic

Straußwirtschaft
Weingut Historic

Zöllerstraße 6
55279 Dexheim
Telefon 06133/5099050

E-Mail dexheim@
weingut-historic.de
Internet
www.weingut-historic.de

Öffnungszeiten:	Mitte März bis Mitte Mai und Mitte September bis Mitte November. Freitag und Samstag ab 18 Uhr, Sonntag ab 15 Uhr.
Reservierung:	ja

DAS BESONDERE:
Historische Kuhkapelle mit Kreuzgewölbe, der Vinothek „Caupona" und einem Garten mit Kinderspielplatz. Geschichtlicher Gemarkungsrundgang. Die römischen Speisen werden in nachgebildetem „Terra Sigillata"-Tafelgeschirr serviert.

Museum und Ort des Labsals zugleich

Kardinal Lehmann war schon mit Bischöfen Gast, ein Troja-Professsor berichtete über die Mythos-Grabungen – auf Schritt und Tritt sowie geschmacklich sind die Römer in dieser Straußwirtschaft präsent. Fundstücke römischer Wein- und Esskultur zieren die Wände. In der angegliederten Vinothek zeigen sich uralte Römer (Gläser) in handwerklicher Perfektion. Und auf den Tisch gelangen römische Speisen – vom „Moretum" (mit Ricotta-Käse) und „Globi" (Mohnknödel) bis hin zur lucanischen Bratwurst und dem „Finis Cenae" (einer angeblich göttlichen Nachspeise). Und an gutem „Mulsum" fehlt es hier auch nicht – nur dass der Wein nicht römischen, sondern rheinhessischen Ursprungs ist. Winzermeister Gerhard Blödel bietet zahlreiche Rebsorten an.

EINZELBEWERTUNG

Wein:

Speisen:

Ambiente:

Gesamtbewertung:

Hofgut Ebling

Gutsschänke
Weingut Ebling

Außerhalb 1
55288 Schornsheim
Telefon 06732/3481 o.
      06732/935303

E-Mail info@hofgut-ebling.de
Internet www.hofgut-ebling.de

Öffnungszeiten: April/Mai und September/Oktober. Freitag und Samstag ab 18 Uhr, Sonntag ab 17 Uhr.
Reservierung: ja

DAS BESONDERE:
Mitten in den Weinbergen gelegen – ideal für Kinder (auch wegen Rutschbahn, Schaukel und Kinder-Speisekarte), Hoffest im Juni, alle zwei Jahre Federweißen-Party.

Genießen nahe am „Rheinhessen-Pol"

Das Hofgut Ebling ist unweit des geografischen rheinhessischen Mittelpunktes gelegen: Gabsheim. Richtig, man muss – selbst als Rheinhesse – schon nachdenken, um die Ortslage (des Weingutes) geografisch korrekt einzuordnen. Aber Heike und Stefan Ebling haben einen Besuch verdient. Die Sortenvielfalt in Betrieb und Gutsschänke ist groß. Klassische Rebsorten wie Riesling, Weißburgunder und Chardonnay dominieren bei den „Weißen", Spätburgunder und Dornfelder bei den „Roten". Zum Probieren ebenfalls zu empfehlen: Sauvignon blanc, Schwarzriesling und Cabernet Sauvignon. Die Chefin des Weingutes empfiehlt dazu stets passende, teils kreative Schmankerl.

EINZELBEWERTUNG

Wein:

Speisen:

Ambiente:

Gesamtbewertung:

Huster

Straußwirtschaft
Weingut Huster

Rosenstraße 13
55218 Ingelheim
Telefon 06130/944114

E-Mail
info@weingut-huster.com
Internet
www.weingut-huster.de

Öffnungszeiten:	Ende April bis Mitte Juni und Mitte Oktober bis Ende November. Donnerstag ab 18 Uhr. Freitag und Samstag ab 17 Uhr. Sonntag und Feiertag ab 11 Uhr, im Herbst ab 15 Uhr.
Reservierung:	ja

DAS BESONDERE:
Absolute Spezialität: die Spargelgerichte, in tollen Variationen. Oder probieren Sie einmal „Arme Ritter", Buchweizen-Risotto, Dinkel-pfannkuchen oder Hohenloher Bergkäse? „Hallenfest" (Hoffest) Anfang August. Barrierefrei.

Von Bio- zu veganen Weinen

E s ist einiges passiert bei Husters. Am Ortsrand wurde ein neues, vor allem funktionales Bauwerk geschaffen. Dort baut Tobias Huster jetzt die Basis-, Premium- und Selektionsweine des Weingutes aus. Rund 40 Gewächse stehen mittlerweile zum Verkauf – darunter der in Rheinhessen eher seltene Syrah, jene zwar nicht sehr ertragreiche, aber hochwertige, ursprünglich französische Rotweinsorte. Alle Weine gelten inzwischen als „vegan" (ohne tierische Produkte). Husters sind eben überzeugte Biowinzer. Am Stammsitz in der Rosenstraße – mit seinem kleinen, aber gemütlichen Innenhof – wurde die Scheune nunmehr vollständig für den Straußwirtschaftsbetrieb ausgebaut.

EINZELBEWERTUNG

Wein: 🍾🍾🍾

Speisen: 🍴🍴🍴🍴

Ambiente: ♥♥♥

Gesamtbewertung: ★★★

Immerheiser

Gutsausschank „Landgasthof Engel"
Weingut Immerheiser

Markt 8
55270 Schwabenheim
Telefon 06130/929394

E-Mail
info@immerheiser-wein.de
Internet
www.immerheiser-wein.de

Öffnungszeiten: Täglich von 12 bis 14 und von 17 bis 23 Uhr.
Reservierung: ja

DAS BESONDERE:
Romantischer Innenhof. Anmutende Vinothek. Zum „Schwaben-
heimer Imperium" gehören ferner das Gourmetrestaurant „Vinum" und
das Hotel „Zum Alten Weinkeller" mit Gästehaus „Casa Rustica".

Stilvoller Weingenuss in tollem Ambiente

L ändlich, gemütlich, herzlich", so beschreibt Familie „Immerheiser" selbst den Landgasthof Engel im Herzen von Schwabenheim — und das ist alles andere als eine übertriebene Eigenwerbung. Der „Engel" am historischen Marktplatz ist das Musterbeispiel einer modernen rheinhessischen Schänke, die Urigkeit, Stil und Gemütlichkeit auf eindrucksvolle Weise kombiniert. Wer hier einkehrt, erlebt ein Stück Rheinhessen. Hier gibt es eine leckere, betont regionale Küche. Die Speisekarte selbst ist vergnüglicher, liebevoll gestalteter Lesestoff. Die Weine spiegeln den hohen Qualitätsanspruch von Immerheiser wider. Riesling und die Burgundersorten sind die Favoriten. Den Rotweinen lässt man mit einem dreijährigen Ausbau im kleinen Holzfass ausreichend Zeit. Ebenfalls eine Spezialität: handgerüttelter Sekt.

EINZELBEWERTUNG

Wein: 🍷🍷🍷

Speisen: 🍴🍴🍴

Ambiente: ❤️❤️❤️❤️

Gesamtbewertung: ✴️✴️✴️

Janson

Straußwirtschaft
Weingut Janson

Hauptstraße 7
55578 Vendersheim
Telefon 06732/8771

E-Mail mail@weingutjanson.de
Internet www.weingutjanson.de

Öffnungszeiten:	Anfang März bis Anfang Mai (Ostern geschlossen) und Anfang September bis Anfang November: Freitag und Samstag ab 18 Uhr, Sonntag und Feiertag ab 17 Uhr. Ab 10. September bis Anfang November: auch donnerstags ab 18 Uhr.
Reservierung:	ja

DAS BESONDERE:
Originelle Veranstaltungen: Sonnenaufgangs-Spaziergang mit Turm-Frühstück, Rheinhessen-Picknick, Flammkuchen-Abende, Wein-Erlebnis „zu Hause". Außerdem: Planwagenfahrten. Gästehaus (fünf Zimmer) und Ferienwohnung.

Ort voll vinologischer/ kulinarischer Leidenschaft

D ie Vendersheimer Weinszene ist vielfältig – und das Weingut Janson ist ein wichtiger Mosaikstein darin. Ein klassischer Familienbetrieb, wo das Winzerhandwerk und die Leidenschaft für gutes Essen allgegenwärtig ist. Unter zirka 15 Rebsorten kann der Kunde wählen und die Gewächse in der gemütlichen Straußwirtschaft probieren. Riesling und Spätburgunder bilden den Angebotsschwerpunkt. Inhaber Oliver Janson, gelernter Weinbautechniker, drückt dem Betrieb seit 2012 sukzessive seinen Stempel auf. Nicht zuletzt inspiriert durch die regelmäßen Besuche mit seiner Frau Ursula in Frankreich. Geschätzte 400 „Rote" aus dem Nachbarland liegen in seinem Keller. Das von ihm kreierte „Rotwein-Versprechen 2020" (haken Sie mal nach!) zeigt Jansons Potenzial.

EINZELBEWERTUNG

Wein:

Speisen:

Ambiente: ♥♥♥

Gesamtbewertung:

Kloster Engelthal

Gutsschänke
des Weinguts Wasem

Edelgasse 15
55218 Ingelheim
Telefon 06132/2304

E-Mail
info@klosterengelthal.de
Internet
www.klosterengelthal.de

Öffnungszeiten: Ganzjährig. Täglich ab 12 Uhr; Mittwoch Ruhetag.
Reservierung: ja

DAS BESONDERE:
Historischer Klosterhof, alte Heuscheune und Weingarten. Beeindruckende Vinothek. Frische Küche mit regionalem Bezug in Kuhkapellen-Atmosphäre. Das ganze Jahr über Sonderveranstaltungen (After Work Lounge etc). Ein Muss: das jährliche Hoffest (Mitte Juli).

Juwel rheinhessischer/deutscher Weinkultur

Wasems Kloster Engelthal belegt, was sich in Rheinhessen alles getan hat. Der Deutsche Weininstitut-Preis „Höhepunkt deutscher Weinkultur" ist absolut berechtigt. Das Weingut („Rodensteiner Hof") – von Julius Wasem 1912 gegründet – erzeugt schon seit Jahrzehnten Top-Spätburgunder und Frühburgunder (hier Erhaltungszüchter). Aber auch alle anderen Rebsorten, vor allem Riesling, Silvaner, Weiß- und Grauburgunder, aus den Spitzenlagen Ingelheimer Pares und Horn sowie aus der Elsheimer Blume lassen des passionierten Weintrinkers Herz höherschlagen. Aber mit dem architektonisch wie unternehmensphilosophisch ausgezeichneten Gastonomie-Projekt Kloster Engelthal haben die Wasems wahrlich ein Juwel geschaffen – für sich sowie die Wein- und Lifestyle-Freunde.

EINZELBEWERTUNG

Wein:

Speisen:

Ambiente:

Gesamtbewertung:

Lörzweiler Woistubb

Gutsschänke
Weingut Hochhaus-Scheidemantel

Rheinstraße 2
55296 Lörzweiler
Telefon 06138/902970

E-Mail info@weingut-scheidemantel.de
Internet www.weingut-scheidemantel.de

Öffnungszeiten:	Ganzjährig. Dienstag bis Samstag ab 16.30 Uhr, Sonn- und Feiertag ab 15 Uhr.
Reservierung:	ja

DAS BESONDERE:
Der absolute Hammer: Oma Hedwigs (Hochhaus) Ribbelkuche – für Meßfremde: Streuselkuchen. Jeden zweiten Mittwoch im Monat: Flammkuchen aus dem Holzbackofen.

Beleg für die „rheinhessische Toskana"

Eine Scheune aus dem 18. Jahrhundert ist das Domizil dieser heimeligen Weinstube mit historischem Flair. Der kleine Gastraum im Erdgeschoss hat seinen besonderen Reiz durch die 200 Jahre alten Kirchenbänke und seinen steinernen Kirchenboden. Aus einer alten Orgel wurde eine Theke. Bei schönem Wetter sitzt es sich im Innenhof besonders gemütlich, und jeder Gast weiß sofort, warum bisweilen von rheinhessischer Toskana die Rede ist. Die von Karin Scheidemantel geführte Schänke ist ein Hort gediegener Gastlichkeit. Neben Klassikern wie Schnitzel, Spundekäs und Steak werden vor allem kreative Käsegerichte serviert. Die Weißburgunder, Silvaner und Riesling von Winzermeister David Scheidemantel sind dazu solide Begleiter.

EINZELBEWERTUNG

Wein:

Speisen:

Ambiente:

Gesamtbewertung:

Margaretenhof

Gutsschänke
Weingut Familie Eckhard

Am Sportfeld 23-25
55270 Schwabenheim
Telefon 06130/9402702

E-Mail
weingut@margaretenhof.info
Internet
www.margaretenhof.info

Öffnungszeiten:	Ganzjährig. Mittwoch bis Samstag von 17 bis 22 Uhr, Sonntag und Feiertag von 12 bis 22 Uhr.
Reservierung:	ja

DAS BESONDERE:
Tagungs- und Eventlocation. Hoffest (Mitte August). Diverse kulinarische Veranstaltungen.

Erlebnispaket, das Spaß macht

Der Margaretenhof ist ein Familienweingut mit gut 150-jähriger Tradition und hat 2008 zum „großen Sprung" angesetzt. Entstanden ist ein Restaurant, das den Attributen einer Sterne-Küche schon sehr nahe kommt. Wohl einzigartig in Rheinhessen ist das Angebot Konditorei und Chocolaterie, wo Onkel und Meister Norbert Wengel die hohe Kunst dieses Genres präsentiert. Und Eckhards Vinothek lässt erahnen, dass auch in puncto Wein ein hoher Anspruch besteht. Steve und Sascha, Repräsentanten der dritten Familiengeneration, geben in Weinberg und Keller den Ton an. „Unkonventionelle Weine" lautet ihre Philosophie.

EINZELBEWERTUNG

Wein:

Speisen:

Ambiente:

Gesamtbewertung:

Rathofkapelle

Gutsschänke
Weingut Dr. Dahlem

Rathofstraße 21-25
55276 Oppenheim
Telefon 06133/2001

E-Mail
info@weingut-dahlem.de
Internet
www.weingut-dahlem.de

Öffnungszeiten:	Anfang Mai bis Ende Juni und Anfang September bis Ende Oktober. Freitag, Samstag und Sonntag ab 17 Uhr.
Reservierung:	ja

DAS BESONDERE:

Das Weingut besitzt eine Schatzkammer an Weinen älteren Jahrgangs mit Entwicklungspotenzial - beispielsweise eine 1959er Oppenheimer Sackträger Trockenbeerenauslese. Mehrmals jährlich Veranstaltungen unter dem Motto „Kunst im Keller". Vinothek. Ferienwohnung.

Historie atmen und trinken

Jeder – nicht nur in Rheinhessen – kennt Openheim, eine historische Weinstadt. Und viele haben auch schon einmal den Weingutsnamen Dr. Dahlem gehört. Bereits seit über 300 Jahren widmet sich die Familie dem Reben-Leben. Aktuell leiten Diplom-Önologe Frank Dahlem (Weinberg/Keller) und sein Bruder Axel (Verkauf weltweit) die Geschäfte – sie repräsentieren die zehnte Generation. Klassische Rebsorten stehen im Vordergrund, aber auch standortgerecht gepflanzte Newcomer (wie Chardonnay oder Regent) sind im Angebot. Der Genuss in der eindrucksvollen, ehemals barocken Rathofkapelle aus dem 13. Jahrhundert – einst zum Kloster Eberbach gehörend und vorübergehend auch mal Synagoge – ist das i-Tüpfelchen obendrauf.

EINZELBEWERTUNG

Wein:

Speisen:

Ambiente:

Gesamtbewertung:

Reßler

Gutsschänke
Weingut Reßler

Obergasse 21
55296 Harxheim
Telefon 06138/7155

E-Mail info@weingut-ressler.de
Internet
www.weingut-ressler.de

Öffnungszeiten:	Ganzjährig. Freitags ab 18 Uhr, samstags und sonntags ab 17 Uhr.
Reservierung:	ja

DAS BESONDERE:

Gästehaus. Standort beim erlebenswerten „Harxheimer Weinhöfefest (immer drittes August-Wochenende).

Willkommen in der Weinromantik

Friedrich Reßler und sein Sohn Sven führen das Familienweingut, das bis heute ein landwirtschaftlicher Gemischtbetrieb ist, in dem auch Getreide und Rüben noch ihren Platz haben. Die Rebstöcke stehen in den Harxheimer Lagen Schlossberg, Börnchen und Lieth, angebaut wird der typische Strauß rheinhessischer Rebsorten. Bei den Weißen stechen qualitativ die Rieslinge und Silvaner sowie die feinherben Weißburgunder heraus. Die Gutsschänke im ersten Obergeschoss des eindrucksvollen Hauses in der Obergasse ist mit Liebe zum Detail eingerichtet – Weinromantik pur. Die Speisekarte gefällt durch eine gute Mischung rheinhessischer Klassiker und kreativer Schmankerl.

EINZELBEWERTUNG

Wein:

Speisen:

Ambiente:

Gesamtbewertung:

Wagner

Straußwirtschaft
Weingut Wagner

Hauptstraße 30
55270 Essenheim
Telefon 06136/87438

E-Mail info@wagner-wein.de
Internet www.wagner-wein.de

Öffnungszeiten:	Ende April bis Ende Juni und Ende August bis Mitte September. Freitag und Samstag ab 17 Uhr, Sonntag und Feiertag ab 16 Uhr.
Reservierung:	ja

DAS BESONDERE:

Sehr empfehlenswert: „Wagners Hoffestspiele" mit jährlich wechselndem Programm – fast immer mit einem Shakespeare-Stück, gespielt vom Zettel's Theater. Ebenfalls nicht zu verpassen: die Lesungen von Krimi-Erfolgsautor Andreas Wagner. Kindertheater. Weinbergswanderungen. Schlachtfest zum Saisonabschluss.

Wein, Speisen und Kunst in Harmonie

W o anders können Sie Shakespeare begegnen, der „alten Dame" Emilie, Urgroßvater Jean oder dem Verdelsbutze Paul Kendzierski? So etwas gibt es in Rheinhessen nur im Weingut Wagner. Es ist ein seit 300 Jahren existenter Familienbetrieb, der von einem Önologen, Historiker, Mineralogen, einer Journalistin, Biologin und Hotelfachfrau geführt wird – eine interessante Konstellation! Der alte Gutshof zieht an den Wochenenden viele Weinfreude und Familien nach Essenheim. Sie wissen zu genießen, was Ulrich Wagner in die Flaschen zaubert, primär Rieslinge, Grau- und Spätburgunder. Aus der Gutsküche senden Bruder Christian und Mutter Christel Bodenständiges und Experimentelles. Vater Rudolf, die Ehefrauen der drei Brüder und Krimi-Erfolgsautor Andreas Wagner servieren, was verfügbar ist.

EINZELBEWERTUNG

Wein: 🍾🍾🍾

Speisen: 🍴🍴🍴

Ambiente: ❤❤❤

Gesamtbewertung: ★★★

Walldorf-Pfaffenhof

Gutsausschank
Familie Dexheimer

Mainzer Straße 50
55291 Saulheim
Telefon 06732/5055

E-Mail walldorf@pfaffenhof.de
Internet www.pfaffenhof.de

Öffnungszeiten:	Mitte Februar bis Ende Mai und Anfang September bis Anfang Dezember. Donnerstag bis Samstag ab 17 Uhr, Sonntag- und Feiertag ab 12 Uhr.
Reservierung:	ja

DAS BESONDERE:
Sie werden diesen spontanen Eindruck teilen: urgemütlich. Wein- und Geschenkboutique (die wie ein Basar wirkt).

Genussvolle Entdeckungsreise zum Wiederholen

D iese Schänke ist nichts für eilige Gemüter. Es lohnt sich vielmehr, mit Muse die liebevolle Ausstattung der Schänke zu betrachten. Und noch mehr Zeit sollte der Gast für das ausgiebige Studium der wahrlich außergewöhnlichen Wein- und Speisekarte aufwenden. Beim Blättern wird die Wahl zur Qual, allerdings spiegelt jeder einzelne Wein im Glas die Ambitionen der Familie Dexheimer wider. Sauvignon blanc, Silvaner und Rieslinge gehören zu den besonderen Stärken im Weißweinsortiment, bei den Roten empfehlen sich besonders der Dornfelder und der Cabernet Sauvignon aus dem Barrique. Die Küche ist erfreulich saisonal ausgerichtet und serviert viele Schmankerl, die zu mehr als einem Besuch anregen.

EINZELBEWERTUNG

Wein:

Speisen:

Ambiente: ♥♥♥

Gesamtbewertung:

Wambolderhof

Gutsschänke
Weingut Wambolderhof

Langgasse 8
55271 Stadecken-Elsheim
Telefon 06136/6114

E-Mail info@wambolderhof.de
Internet www.wambolderhof.de

Öffnungszeiten: Ende Mai bis Ende September. Freitag ab 18 Uhr,
Samstag und Sonntag ab 17 Uhr.
Reservierung: ja

DAS BESONDERE:
Jetzt stehen auch ökologische Produkte auf der Speisekarte:
Bio-Fleisch und -Backwaren – auch ein Bio-Bier ergänzt das Sortiment.
Planwagenfahrten, unter anderem mit Picknick im Weinberg. Für Kinder stehen Sandkasten und Spielzeug zur Verfügung. Weinbergsführungen, Radweg-Verkostung.

Konsequente Öko-Philosophie

Frank Bernhart führt den Wambolderhof in fünfter Generation. Bereits 1991 stellte er den Betrieb auf die ökologische Wirtschaftsweise um — das zunehmende Wissen um das natürliche Zusammenwirken von Boden, Rebe, Fauna und Flora gab ihm den Impuls dazu. Sohn Maximilian führt dieses Gedankengut fort und gibt inzwischen im Keller den Ton an. Top-Rebsorten sind der Silvaner, Grauburgunder und Regent. Der Gutsausschank in dem idyllischen Innenhof des bereits 1682 errichteten Anwesens ist ein Kleinod; die Bruchsteinwand im Inneren des Gastraumes vermittelt rustikales Wohlgefühl. Offeriert wird eine klassische, saisonale Rheinhessen-Küche, die zu den überwiegend trockenen Weinen passt.

EINZELBEWERTUNG

Wein:

Speisen:

Ambiente:

Gesamtbewertung:

Wilmshof

Gutsschänke
Weingut Wilmshof

Kapellenstraße 14
55278 Selzen
Telefon 06737/338

E-Mail info@wilmshof-selzen.de
Internet
www.wilmshof-selzen.de

Öffnungszeiten:	Ende April bis Ende Juli und Mitte September bis Anfang November. Freitag ab 17 Uhr. Samstag, Sonntag und Feiertag ab 16 Uhr.
Reservierung:	ja

>>> **DAS BESONDERE:**
Hofladen (mit selbst hergestellten Kunstartikeln). Hoffest (Ende Juli). Konzerte. Fackelwanderung (zweiter Advent). Weinwanderungen.

Vom Kuh- über den Schau- zum Kunststall

Zwischen 1830 und 1870 entstanden in Rheinhessen mehr als 200 Kreuzgewölbe. Deren Bau wurde subventioniert, um die Viehhaltung als effektives Mittel gegen die seinerzeitigen Hungersnöte zu fördern. Rheinhessischer Wein spielte Anfang des 19. Jahrhunderts eine untergeordnete Rolle. Wohl dem heutigen Weingut, das eine solche „Kuhkapelle" besitzt. Auch der Wilmshof gehört dazu. Mit dem Umbau vom Kuh- zum Schaustall bereiteten Dagmar und Werner Binzel Mitte der 1980er Jahre den Weg zu einer erfolgreichen Gutsschänke. Tochter Katrin (Innenarchitektin) und ihr Mann, Tobias Mohr (einst Kunst-Student, nunmehr Winzermeister) drückten dem Weingut ihren eigenen Stempel auf und schufen nicht zuletzt einen „Kunststall".

EINZELBEWERTUNG

Wein:

Speisen:

Ambiente:

Gesamtbewertung:

Wolf

Gutsschänke
Weingut Mathias Wolf

Bahnhofstraße 40
55296 Lörzweiler
Telefon 06138/6258

E-Mail
weingut.m.wolf@t-online.de

Öffnungszeiten:	Anfang Februar bis Ende November. Donnerstag bis Samstag ab 17.30 Uhr, Sonntag und Feiertag ab 16 Uhr.
Reservierung:	ja

DAS BESONDERE:
Garten für Gesellschaften bis zu 100 Personen (inklusive Catering).

Olé, olé Fiesta beim „hofsingenden Wolf"

Wenn Sie zum „Wolf" kommen, können Sie nicht nur den „bösen Wolf" trinken (eine limitierte Edition aus Weiß- und Grauburgunder) – nein, sie können „den Wolf" (Mathias) vielleicht auch singen hören. Denn der Winzer ist Mitglied der weltberühmten Mainzer Hofsänger – und sie wissen aufgrund ihrer vielen Engagements, wo es guten Wein gibt. Es ist eine kleine, rustikale Gutsschänke, die Nicole und Mathias Wolf betreiben. Das Speiseangebot ist rheinhessen-typisch. Zu besonderen Anlässen legt des Winzers Bruder, Andreas, ein Profi-Koch, selbst Hand an – dann gibt's auch schon einmal „Gans beim Wolf". Riesling, Silvaner, Weißburgunder und Dornfelder bilden den Schwerpunkt der Rebflächen in Lörzweiler, Nackenheim, Bodenheim und Gau-Bischofsheim.

EINZELBEWERTUNG

Wein:

Speisen:

Ambiente:

Gesamtbewertung:

Zum Kuhstall

Gutsschänke
im Weingut Bettenheimer

Petra Bettenheimer
Stiegelgasse 32
55218 Ingelheim
Telefon 06132/3041

E-Mail kuhstall@
weingut-bettenheimer.de
Internet www.bettenheimer.de

Öffnungszeiten:	Mitte Februar bis Mitte Juli und Ende August bis Anfang Dezember. Donnerstag, Freitag und Samstag ab 18 Uhr. Sonntag ab 15.30 Uhr und Feiertag ab 12 Uhr.
Reservierung:	ja

>>> DAS BESONDERE:

Barrierefrei im Untergeschoss. Lärmreduzierte Atmosphäre durch Schallschutz. Kinderfreundlich: Raumgeschütztes Spielen im Außenbereich (Grünfläche), Doppelsitzer-Schaukel und Spielzeug, Wickeltisch. Außerdem: Gästezimmer, Hoffest im Juli, Mundart-Abende, Federweißer-Wochen und Gänse-Essen.

Spitzenweine und kreative (Kräuter-)Küche

So wie es stets interessant ist, nach Ingelheimer Weinen zu suchen, so lohnt sich stets ein Besuch im „Kuhstall". Die Gutsschänke des Weingutes Bettenheimer gehört zum Besten dieser Weinszene. Jahr für Jahr optimiert die Betreiberin, Petra Bettenheimer, „ihr Baby" (wie sie es nennt). Birgit und Joachim Bettenheimer, ihre Eltern und Gründer dieses „Refugiums" vor fast 40 Jahren, können über diese engagierte Nachfolge froh sein. Was die Kräuter-Köchin und ihr Team in der Küche zaubern, wird durch die Weinspezialitäten von Bruder Jens geschmacksabrundend ergänzt. Er zählt mittlerweile zu den Ingelheimer Top-Winzern und verdient sich mit drei Trauben im „Gault Millau" und drei Sternen bei „Eichelmann" auch nationalen Respekt.

EINZELBEWERTUNG

Wein:

Speisen:

Ambiente:

Gesamtbewertung:

Zur alten Kastanie

Gutsschänke
Weingut Büttel

Kaiserstraße 5
55278 Selzen
Telefon 06737/8652

E-Mail
weingut.buettel@t-online.de
Internet
www.Zur-alten-Kastanie.de

Öffnungszeiten:	Ende März bis Anfang August und Mitte September bis zweiten Advent. Freitag ab 18 Uhr. Samstag, Sonntag und Feiertag ab 17 Uhr.
Reservierung:	ja

 DAS BESONDERE:
Innenhof zum Träumen.

Dolce vita im Schatten der Uralt-Kastanie

D och wer duht vernünftig lewe, Ehrfurcht zeicht aach vor de Rewe, weil er Mieh un Ährwet kennt, dem sei unsern Woi gegönnt." Wie wahr, was Vater Georg Michael Büttel einst niederschrieb. Und sein Sohn Wolfgang sowie Ehefrau Birgit sind eifrig bemüht, den Gästen gut mundende Weine und Speisen zu gönnen. Es mag in Rheinhessen viele lauschige Plätze geben, aber der Innenhof dieser Gutsschänke zählt zu den besonderen. Wie ein Schirm des Wohlseins spannt sich die über 100 Jahre alte Kastanie über das Weingut-Innere, lädt zum Schlotzen, Schlemmen und Philosophieren ein. Hier könnte Johann Wolfgang von Goethe durchaus gesagt haben: „Aber kein Genuss ist vorübergehend: denn der Eindruck, den er zurücklässt, ist bleibend."

EINZELBEWERTUNG

Wein:

Speisen:

Ambiente:

Gesamtbewertung:

7d. Im Wonnegau

HESSEN

Schlangenbad

`417`
`455`
`3`

Wiesbaden

`260`

Rheingau
Kiedrich
Walluf
Oestrich-Winkel
Eltville
`643`
`671`
Hochheim
`40`
Geisen-heim
Rhein
Budenheim
`42`
`60`
Rüdes-heim
Heidesheim
Mainz
Main
Bischofs-heim
Bingen
`41`
Ingelheim
`60`
Münster-Sarmsheim
Gau-Algesheim
Schwaben-heim
Essen-heim
Ober-Olm
`61`
Rheinhessisches
Klein-Winternheim
Bodenheim
Engelstadt
Nieder-Olm
Harx-heim
Nackenheim
Gensingen
Jugenheim i. Rheinhessen
Stadecken-Elsheim
Mommenheim
Bretzen-heim
Hügelland
Saul-heim
`63`
Zornheim
Selzen
Nierstein
Sprendlingen
Wörrstadt
Rhein-
Oppenheim
Bad Kreuznach
`420`
Undenheim
Köngernheim
Gau-Bickelheim
Uelversheim
Wöllstein
Armsheim
Guntersblum
Rhein-
Flonheim
Biebelnheim
Siefersheim
`271`
Wintersheim
Gimbsheim
hessische
Erbes-Büdesheim
Albig
Gau-Odernheim
Alsheim
Wendelsheim
Dorn-Dürkheim
Schweiz
Alzey
hessen
Mettenheim
Monzernheim
Bechtheim
`9`
RHEINLAND-
Wonnegau
Kirchheim-boladen
`63`
Gundersheim
Westhofen
Osthofen
Albisheim
Mölsheim
Flörsheim-Dalsheim
`61`
Zellertal
PFALZ
Monsheim
Worms
Donners-berg
Biedesheim
Bockenheim
Göllheim
Obrigheim
Bobenheim-Roxheim
`47`
Kerzenheim
`271`
Dirmstein
Beindersheim
Grün-stadt
0   5 km
Eisenberg
`6`

© KARTOGRAPHIE Pehl/Schefcik Eppelheim

Alte Brennerei

Gutsschänke
Weingut Göhring

Kirchgasse
67591 Mölsheim
Telefon 06243/5364

E-Mail gerd-goehring@gmx.de
Internet www.alte-
brennerei-moelsheim.de

Öffnungszeiten:	Mitte/Ende Januar bis Ende März, Ende April bis Anfang Juli, Ende August bis Anfang Dezember. Freitag und Samstag ab 18 Uhr, Sonntag ab 17 Uhr.
Reservierung:	ja (und empfohlen)

DAS BESONDERE:

Slow Food-Anbieter (regionale Produkte). Themenabende im Rahmen der AG Straußwirtschaften/Gutsschänken in Rheinhessen. „Donnersberger Weinforum" (April), Historisches am „Erlebnistag Zellertal" (erster Sonntag nach Pfingsten) und „Tag des offenen Denkmals" (zweiter September-Sonntag).

Rheinhessisches in ehemals Französischem

Napoleon soll an dieser Stätte 1812, vor dem Russland-Feldzug, mit seinen Offizieren im Gartenhaus einen Kaffee getrunken haben. Seit 1817 befindet sich das Anwesen im Besitz der Familie Göhring. Zwischenzeitlich existierte dort eine Brennerei, was auch den aktuellen Namen der Gutsschänke erklärt. Holzdecken und -sparren, verschlämmte Wände sorgen für eine faszinierende, wenn auch nüchterne Atmosphäre. Das (geschmackliche) Leben erzeugen die von Betreiber Gerd Göhring und seinem Bruder Winfried erzeugten Weine – voran die „Hausmarken" Dornfelder, Cabernet Sauvignon und Merlot. Und die gaumenkitzelnden Speisen (inklusive selbstgebackenes Brot), die Judith Seidel-Göhring insbesondere mit Zutaten aus der jahrhundertealten, barocken Gartenanlage kreiert.

EINZELBEWERTUNG

Wein: ▮▮▮

Speisen: 🍴🍴🍴

Ambiente: ❤❤❤❤

Gesamtbewertung: ✦✦✦

Am Michelsberg

Straußwirtschaft
„Am Michelsberg"/WeinHaus Weißbach

Am Michelsberg 18
67582 Mettenheim
Telefon 06242/915151

E-Mail
info@weinhaus-weissbach.de
Internet
www.weinhaus-weissbach.de

Öffnungszeiten:	Anfang Mai bis Ende Juli und Mitte September bis Ende Oktober. Freitag und Samstag ab 18 Uhr, Sonntag und Feiertag ab 16 Uhr.
Reservierung:	ja

DAS BESONDERE:
Hoffest (Termin erfragen). Themenwochenenden im Rahmen der „AG Straußwirtschaften/Gutsschänken in Rheinhessen". Gemütlicher Außenbereich. Bett & Bike. Verleih von E-Bikes.

„Grenzwertiges Sprach-", aber Wein-Erlebnis

Wenn Sie anspruchsvollen Wein trinken und en passant rhoihessisch (mit „pälzischem" Zungenschlag) lernen wollen, sind Sie auf dem Wilhelminenhof goldrichtig! Inhaber Dirk Weißbach erklärt Ihnen schon einmal sehr überzeugend den Unterschied zwischen einem Wonnegauer und einem Hügelländer, zwischen einem Wormser und Mettenheimer. Es ist einfach immer unterhaltsam „Am Michelsberg" – zumal es dort sehr familiär zugeht. Seit 2006 konsequent Öko-Weingut, haben Dirk, Tim und Max (Winzermeister, Getränke-Technologe, Weinbau-Techniker) klare Qualitätsvorstellungen: Terroir, Frische, Frucht und Nachhall. Ähnliches gilt für Mutter Klothilde, die sich in Sachen Rheinhessenküche stets als sehr experimentierfreudig erweist.

EINZELBEWERTUNG

Wein:

Speisen:

Ambiente:

Gesamtbewertung:

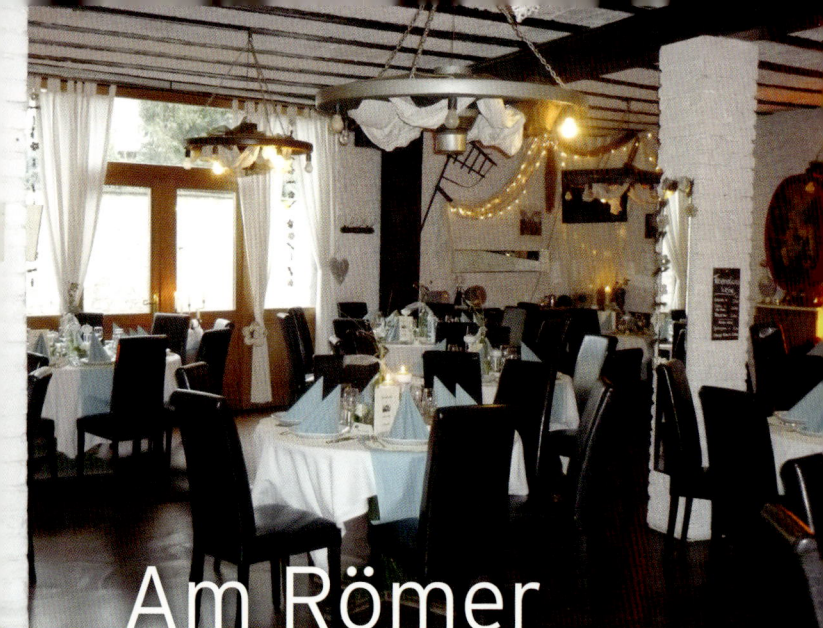

Am Römer

Straußwirtschaft
Weingut Hammen

Römer 2
55278 Köngernheim
Telefon 06737/250

E-Mail
info@weingut-hammen.de
Internet
www.weingut-hammen.de

Öffnungszeiten:	April bis Ende Mai und Oktober bis Ende November. Freitag und Samstag ab 18 Uhr, Sonntag und Feiertag ab 16 Uhr.
Reservierung:	nein (aber meistens sind Plätze verfügbar)

DAS BESONDERE:
Vinothek. Sensorische und kulinarische Weinproben. Weinbergsrundfahrten, Gästehaus.

Eine außergewöhnliche Atmosphäre

E ine interessante, wenn für Straußwirtschaften und Gutsschänken vielleicht ungewöhnliche Atmosphäre. Die ganze Szenerie, vor allem vollbesetzt, wirkt letztlich wie eine geschlossene Gesellschaft. Wobei jeder im Weingut Hammen etwas für seinen Geschmack finden dürfte. Vor allem bei den Weinen. Gemeinsam mit Vater Peter erzeugt, gibt die ehemalige rheinhessische Weinkönigin und Weinbau-Technikerin Petra Hammen inzwischen doch schon die Ausbaurichtung vor. Experimenten verschließt sie sich dabei nicht, wie ein Barrique-Chardonnay unterstreicht. Auch ein auf der Huxelrebe basierender Balsamico ist eher eine Rarität in Rheinhessen, bereichert allerdings auch die angebotenen knackigen Salate.

Wein:

Speisen:

Ambiente:

Gesamtbewertung:

Geils Scheier

Gutsschänke
Weingut Römerhof

Am Römer 22-24
55234 Monzernheim
Telefon 06244/256

E-Mail info@familie-geil.de
Internet www.familie-geil.de

Öffnungszeiten:	Ende Mai bis Ende Juli und die ersten drei Wochen im Oktober. Freitag und Samstag ab 17 Uhr, Sonntag und Feiertag ab 15 Uhr.
Reservierung:	ja (empfohlen)

DAS BESONDERE:
Beim „Gastronomiepreis Rheinland-Pfalz" schon mehrfach Sieger in der Kategorie Gutsausschank. Hoffest (alle drei Jahre im August).

Geil: Weingeschmack in großer Vielfalt

Wenn „Wein Probe in Flaschen ist", dann sollten Sie die veredelten Rebensäfte bei der Familie Geil flaschenweise probieren. Dieses Weingut offeriert so ziemlich alles, wonach einem Liebhaber rheinhessischer Tröpfchen das Herz begehrt. Auch solch in der Region eher seltene Rebsorten wie die Heroldrebe und der Gelbe Muskateller. Lagen wie der „Morstein" deuten das Potenzial per se an. Aber die Söhne Sebastian und Paul dokumentieren auch Geschick im gut 100 Jahre alten Gewölbekeller – in Technik und Marketing von Bruder Christian beraten. Das Lesegut selbst hat Vater und Betriebsinhaber Ulrich Geil im Auge. In der Gutsschänke setzen Mutter Sigrid und Schwägerin Ortrud Roos die kulinarischen Akzente.

EINZELBEWERTUNG

Wein:

Speisen:

Ambiente:

Gesamtbewertung:

Hupperts Gud Stubb

Gutsschänke
Weingut Huppert

Wormser Straße 7
67598 Gundersheim
Telefon 06244/57316

E-Mail
post@weingut-huppert.de
Internet
www.weingut-huppert.de

Öffnungszeiten:	Ganzjährig. Mittwoch bis Samstag ab 18 Uhr, Sonntag von 11.30 bis 14 Uhr und ab 17 Uhr.
Reservierung:	ja

DAS BESONDERE:

Auch von der Zeitschrift „Feinschmecker" empfohlen. Kinder erhalten ihr Essen schneller. Teilnahme an der „Rotwein-Kerb" (August) mit der Spezialität Matjes in Rotwein. Ferienwohnung (schon ab zwei Übernachtungen), Stellplatz für Wohnmobil (Top 20 im Bereich der deutschen Weingüter).

Große Passion für Keller und Gastlichkeit

n der „Gud Stubb" passt in der Tat alles zusammen: Wein, Speisen und Ambiente (man könnte auch Gastlichkeit sagen). Andreas Huppert ist Winzer aus Leidenschaft. Und der Weinbau-Techniker weiß genau, welchen Terroir-Schatz er mit den Spitzenlagen Morstein und Höllenbrand besitzt. Ein besonderes Händchen hat Huppert auf jeden Fall für die geschmacklich gehaltvollen Rotweine. Lemberger, selektierte Portugieser oder die Cuvée aus beiden Rebsorten („Generation") verdeutlichen die Fähigkeiten in seinem Beritt: im Keller. Oben, in der „Gud Stubb" (in den rheinhessischen Familien früher bekanntlich nur an einem Sonntagnachmittag geöffnet), legt Kerstin Huppert und ihr Team ebenso Passion an den Tag. Gäbe es diese Gutsschänke nicht, müsste sie sofort eröffnet werden!

EINZELBEWERTUNG

Wein:

Speisen:

Ambiente: ♥♥♥♥

Gesamtbewertung:

Listmann

Gutsschänke
Weingut Listmann

Bechtheimer Straße 12
67585 Dorn-Dürkheim
Telefon 06733/1650

E-Mail wein@listmann-wein.de
Internet www.listmann-wein.de

Öffnungszeiten:	Mitte Mai bis Anfang September. Freitag und Samstag ab 18 Uhr, Sonntag ab 15 Uhr.
Reservierung:	ja

DAS BESONDERE:
Auch geöffnet an den Tagen der offenen Gärten und Höfe in Rheinhessen (Mitte Mai, Mitte Juni, Anfang September). Leckere Remise-Spezialitäten. Winzercafé.

„Weinschlemmen" im Bellevue-Garten

Rheinhessische Straußwirtschaften/Gutsschänken bestechen auch durch ihre teils schönen Gärten. Ein Prachtexemplar in dieser Hinsicht ist das Weingut Listmann. Senior-Chef Eckhard Listmann hat sich hier vor Jahren eine Studienzeit-Erinnerung mit 2.000 Buchsbäumen und vier 30 Jahre alten Mammut-Bäumen (Sequoia) geschaffen. Auch im bunten Weinsortiment der Mitinhaber Welf und Leif Listmann wird darauf Bezug genommen: mit einem „Villa Sequoia" und „Grand Seqouia" (mehr wird nicht verraten). Obwohl erst seit 2003 in Flaschen abgefüllt, sind Listmann-Weine heute bereits ein Begriff. Und wer sie vor der alten Sandstein-Scheune unter der hübschen Wein-Pergola genießt, mit dem faszinierenden Gartenblick, gerät schon einmal ins Träumen.

Weedenbornerhof

Gutsschänke
Weingut Schmitt

Weedenplatz 1
67592 Flörsheim-Dalsheim
Telefon 06243/8515

E-Mail
info@gutsschaenke-schmitt.de
Internet
www.gutsschaenke-schmitt.de

Öffnungszeiten:	Anfang Februar bis Ende Juni und Anfang September bis Weihnachten. Freitag und Samstag ab 18 Uhr, Sonntag und Feiertag ab 17 Uhr.
Reservierung:	ja

>>> **DAS BESONDERE:**
Auch vegane und histaminarme Weine erhältlich. Gästehaus mit zertifiziertem Bio-Frühstücksbuffet. Planwagenfahrten (mit historischen Traktoren), Picknick-Weinwanderungen, schöne Gartenterrasse.

Schlemmen im „sprachlichen Länder-Dreieck"

Flörsheim-Dalsheim mag weit im Südwesten Rheinhessens liegen, aber der Weg in den „Weedenbornerhof" lohnt sich. Es ist wie der Besuch eines „sprachlichen Länder-Dreiecks". Neben dem Rheinhessisch kann der Sprachsensible pfälzische und fränkische Idiome ausmachen. Franken-Blut hat vor allem Gabi Schmitt. Doch jegliche Ressentiments gegenüber dem Fränkischen schwinden, wenn diese leidenschaftliche Köchin (und Winzerin) ihr Repertoire servieren lässt. Ob Wild, anderes Fleisch oder Fisch, Schmitt's Gutsküche zählt zu den besten Straußwirtschaften/Gutsschänken in Rheinhessen. Dem Wild auf der Spur sind Vater (Peter), Sohn (Daniel) und Tochter (Diana). Das Weingut selbst ist seit 2012 ein Demeter-Betrieb, arbeitet also nach den momentan umweltschonendsten Anbaumethoden.

EINZELBEWERTUNG

Wein:

Speisen:

Ambiente: ♥♥♥

Gesamtbewertung:

Rhein-Nahe-Tor (bei Rüdesheim und Bingen) nach Rheinhesen.

8. Wein auf Rheinhessisch

Engagement für hohe Qualität

AG Straußwirtschaften

Ein gelbes Signet mit Weinflasche und Traube ist das Zeichen der rührigen „Arbeitsgemeinschaft Straußwirtschaften und Gutsschänken in Rheinhessen", die alle Besucher der Region zu einem kulinarischen Streifzug durch das Jahr einlädt. Den Mitgliedern dieser Arbeitsgemeinschaft ist es ein Anliegen, typisch regionale Speisen mit ausgesuchten rheinhessischen Weinen zu kombinieren. Mitglieder sind meist Weingüter mit besonderem Ambiente, und häufig gibt es Aktionen und Angebote unter dem Motto „Wein trifft ...", beispielsweise Romantik, Fisch, Käse, Schokolade und vieles mehr.
www.rheinhessen.de

„RS Silvaner"

Die Rückbesinnung auf die Traditionssorte Silvaner hat Mitte der achtziger Jahre des vorigen Jahrhunderts zu einer bemerkenswerten Bewegung unter den qualitätsorientierten Winzern in Rheinhessen geführt. Sie verständigten sich auf einen modernen Ausbau im Keller und qualitätsfördernde Maßnahmen im Weinberg und kreierten damit einen anspruchsvollen Weinstil, der zunehmend Anerkennung findet. „RS" steht somit nicht nur für „Rheinhessen Silvaner", sondern wird als Abkürzung für einen trockenen Klassiker verstanden. Silvaner, die unter dem Signet RS verkauft werden, weisen ein hohes Maß an Rebsortentypizität auf. Wein mit Aromen von reifen Früchten und Kräutern, voller Harmonie und lebendiger Säure.

www.rs-silvaner.de

„Message in a Bottle"

Hinter dieser „Flaschenpost" steht eine Vereinigung junger, qualitätsorientierter Winzer, die neben dem Verband der Prädikatsweingüter (VDP) eine Art zweite Speerspitze der Qualitätsbewegung in Rheinhessen bilden. Der Name erinnert an den Hit der Band „The Police", und die Gruppe will mit guten Weinen und Spaß rund um den Wein das Image Rheinhessens aufpolieren. Andere Weinregionen schauen inzwischen neidvoll auf diese Initiative, die eine Werbung für das gesamte Gebiet ist.

www.message-in-a-bottle.info

Winzersekt

Winzersekt ist eine rheinhessische Innovation, die 1981 während einer Absatzkrise entstanden ist. Motor der Entwicklung war vor allem die Erzeugergemeinschaft Winzersekt in Sprendlingen. 1.000 Winzer sind in dieser Gemeinschaft zusammengeschlossen. Den Anstoß dazu gab auch eine Trotzreaktion der Winzer, die nicht akzeptieren wollten, dass die viele Sektkellereien einen Bogen um Grundweine aus deutschen Anbaugebieten machten. Gegen die Markensekte der großen Kellereien setzen die Winzersektmacher seither ihre Individualsekte.

www.rheinhessen.de

Selection Rheinhessen

Eine Gütekategorie der besonderen Art. Alte Reben, klassische Rebsorten und geringe Erträge sind die Voraussetzung für die Erzeugung hochwertiger Weine, die unter dem Label „Selection" – ein Jahr nach der Ernte – verkauft werden dürfen. Schon seit 1992 gibt es dieses Qualitätsprogramm als jährlichen Wettbewerb für feine, trockene Weine aus Rheinhessen. Die beiden wichtigsten Kriterien: mindestens 15 Jahre alte Reben und ein Ertrag von maximal 55 Hektoliter je Hektar.

www.rheinhessen.de

VDP Rheinhessen

Der Adler auf der Kapsel der Weinflasche signalisiert die Zugehörigkeit zu einem exklusiven Club. Der Verband der Prädikatsweingüter hat in Rheinhessen weniger als 20 Mitglieder. Sie alle müssen sich regelmäßig strengen Kontrollen unterwerfen, damit sie sich zur Speerspitze des deutschen Weinbaus in Deutschlands größtem Anbaugebiet zählen dürfen.

www.vdp.de

9. Apropos „Piffche":

Wie teuer darf es sein?

Eine gute Geschichte geht weiter, heißt es unter Journalisten – was so viel heißt wie: am Ball bleiben. Und bei diesem Thema lohnt es sich nach wie vor. Denn es ist unverändert nicht immer sinnvoll, in den rheinhessischen Straußwirtschaften und Gutsschänken unbedenklich ein „Piffche" zu bestellen. Denn der Aufschlag gegenüber dem Preis für den „Halben" (0,2 Liter) kann in der Regel bis zu 50 Cents, in einigen Fällen noch mehr betragen.

Teilweise werden „abenteuerliche" Begründungen für den Mehrpreis angeführt. So müsse man einfach akzeptieren, hieß es beispielsweise, dass eine Bedienung genau so viel koste, ob sie nun ein Piffche oder ein „Viertel" (das in Rheinhessen kein Viertel ist) serviere. Ähnlich verhalte es sich mit der Gläser-Spülmaschine, welche die 0,1 Liter-Variante auch nicht günstiger reinigen könne.

Meistens liegen die Piffchen-Aufschläge zwischen zehn und 30 Cents. Nur die Hälfte zu nehmen, ist nach Ansicht vieler dieser Direktvermarktungswinzer betriebswirtschaftlich sowieso falsch. Nicht, weil generell bei einem Piffche etwas über der Eiche eingeschenkt werde – nein, weil angeblich der Serviceaufwand tatsächlich höher sei.

Hintergrund: Früher hätten die Bacchanten schon einmal fünf Halbe getrunken und zum Abschluss vielleicht ein Piffche, wobei das gleiche Glas benutzt worden sei. Jetzt würden – auch aus Gründen des Autofahrens

– immer häufiger Piffchen bestellt, stets in einem neuen Glas.

Wie auch immer: Die Winzer sind gut beraten, diese „Mini-Preise" sauber zu kommunizieren. Im Klartext: Sie müssen in der Getränkekarte deutlich ausgewiesen sein. Daher die Empfehlung, vor der Bestellung die beiden Angaben gründlich zu vergleichen oder sich den Preis für das Piffche vorab nennen zu lassen, wenn er nicht ausgewiesen ist.

Einen hundertprozentigen Schutz bietet dies auch nicht, wie die schlechten Erfahrungen leider zeigen. Denn so manch schlitzohriger gastgebende Zeitgenosse sagte dann zwar, dass „Pfiffcher" bei ihm immer die Hälfte kosten. Wer dann allerdings abschließend die Rechnung prüft, schluckt und echauffiert sich nicht selten – denn dort stehen doch andere (höhere) Piffchen-Preise. Fairness sieht anders aus!

Unklar ist indessen die etymologische Bedeutung dieser kleinsten Maßeinheit für den Weinkonsum. Demnach könnte sich das Piffche auf das alte Hohlmaß Pfiff beziehen. Eine andere Version besagt, dass die Menge deshalb so heißt, weil sie in der Zeitdauer eines kurzen Pfeiflautes getrunken werden könne. Oder es kursiert die in Rheinhessen durchaus beliebte Variante, dass früher kurz vor den Sperrzeiten der Gaststätten der „Verdelsbutze" (Ortspolizist) gepfiffen habe und danach nur noch ein kleines Gläschen Wein bestellt werden durfte.

10. Anruf ratsam

Ein leidiges Thema:
Die Öffnungszeiten

Auch wenn die Qualität des Weines und der Speisen der in diesem Führer empfohlenen Betriebe verlässlich ist, ihre Öffnungszeiten sind es nicht. Das kann viele Ursachen haben: Die Weinernte mag besonders mager ausgefallen sein, Familienmitglieder als unerlässliche Helfer in Küche und Schankraum stehen aus vielerlei Gründen gerade nicht zur Verfügung, Großereignisse wie Fußball-Weltmeisterschaften oder Olympische Spiele lassen eine Verschiebung der Öffnungszeiten ratsam erscheinen, die Gewohnheiten der Gäste haben sich geändert...

Die Gründe für eine Veränderung der ursprünglich beabsichtigten Öffnungszeiten sind vielfältig und tragen zum Charme der Amateurgastronomie „Straußwirtschaft" bei. Die in diesem Führer genannten Öffnungszeiten sind deshalb mit Vorsicht zu genießen, auch wenn sie in der Regel auf aktuellen Angaben der Betriebe unmittelbar vor der Drucklegung dieser Ausgabe beruhen.

Weil viele Straußwirtschaften und Gutsschänken gerade auch unter den Einheimischen äußerst beliebt sind, empfiehlt sich wegen der bisweilen weiten Anreise im weiträumigen Rheinhessen ein kurzer Anruf, um zwei entscheidende Fragen zu klären:

1) Haben Sie heute geöffnet?
2) Haben Sie noch ein Plätzchen frei?

Wenn die Schänke Tischreservierungen möglich macht, dann zögern Sie nicht. Natürlich wird allen Neuankömmlingen soweit möglich gerne Platz eingeräumt, denn Geselligkeit und Gespräche sind neben Speis und Trank die Hauptantriebsfedern für den Besuch einer Straußwirtschaft. Da wird eng zusammengerückt, was die Gemütlichkeit ebenso steigen lässt wie den Geräuschpegel, doch irgendwann ist die Kapazität jeder Straußwirtschaft oder Gutsschänke erschöpft. Die langjährige Erfahrung hat indes gezeigt, dass Spontanbesuche kurz vor 19 Uhr häufig chancenreich sind, weil dann die ersten frühen Zecher, die schon am späten Nachmittag die ersten Schoppen genossen haben, schon wieder aufbrechen, und die „zweite Schicht" noch nicht vollständig eingetroffen ist. In jedem Fall bietet dieser Führer genügend Ausweichmöglichkeiten, wenn doch einmal alle Stühle besetzt sind und der Wirt bedauernd mit den Achseln zuckt.

11. Rheinhessischer Spitzenwein

Die besten Erzeuger

D ie Spitze wird immer breiter in Rheinhessen. Waren es einst nur eine Handvoll Betriebe an der Rheinfront und später ambitionierte Erzeuger aus dem Raum Westhofen und Flörsheim-Dalsheim, so zählen inzwischen immer mehr rheinhessische Betriebe zur nationalen Spitze. Es ist ein sehr erfreulicher Qualitätswettbewerb im Gange, von dem die Weinfreunde profitieren. Viele der Topgüter Rheinhessens schenken allerdings ihren Wein nicht über eine Schänke direkt an die Verbraucher aus, sondern konzentrieren sich auf Keller und Weinberg. Doch lohnt ein Besuch nach Voranmeldung oder in der angeschlossenen Vinothek.

Weingut Keller

Bahnhofstraße 1, 67952 Flörsheim-Dalsheim
Telefon 06243/456, www.keller-wein.de

Weingut Wittmann

Mainzer Straße 19, 67593 Westhofen
Telefon 06244/905036, www.wittmannweingut.com

Weingut Wagner-Stempel

Wöllsteiner Straße 10, 55599 Siefersheim
Telefon 06703/960330, www.wagner-stempel.de

Weingut Schätzel

Oberdorfstraße 34, 55283 Nierstein
Telefon 06133/5512, www.schaetzel.de

Weingut Battenfeld-Spanier

Bahnhofstraße 33, 67591 Hohen-Sülzen
Telefon 06243/906515, www.battenfeld-spanier.de

Weingut Gunderloch

Carl-Gunderloch-Platz 1, 55299 Nackenheim
Telefon 06135/2341, www.gunderloch.de

Weingut K.F. Groebe

Bahnhofstraße 68, 64584 Biebesheim
Telefon 06258/6721, www.weingut-k-f-groebe.de

Weingut Kühling-Gillot

Ölmühlstraße 25, 55294 Bodenheim
Telefon 06135/2333, www.kuehling-gillot.de

Weingut Dreißigacker

Untere Klinggasse 4-6, 67595 Bechtheim
Telefon 06242/2425, www.dreissigacker-wein.de

Weingut Manz

Lettengasse 6, 55278 Weinolsheim
Telefon 06249/7186, www.manz-weinolsheim.de

Weingut Gutzler

Rossgasse 19, 67599 Gundheim
Telefon 06244/905221, www.gutzler.de

Weingut Thörle

Ostergasse 40, 55291 Saulheim
Telefon 06732/5443, www.thoerle-wein.de

Weingut Winter

Hauptstraße 17, 67596 Dittelsheim-Hessloch
Telefon 06244/7446, www.weingut-winter.de

Weingut Braunewell

Am Römerberg 34, 55270 Essenheim
Telefon 06136/88917, www.weingut-braunewell.de

Weingut Hofmann & Willems

Vor dem Klopp 4, 55437 Appenheim
Telefon 06725/30063, www.schiefer-trifft-muschelkalk.de

Weingut Bischel
Sonnenhof Außerhalb 15, 55437 Appenheim
Telefon 06725/2683, www.weingut-bischel.de

Weinbergsturm in Nierstein

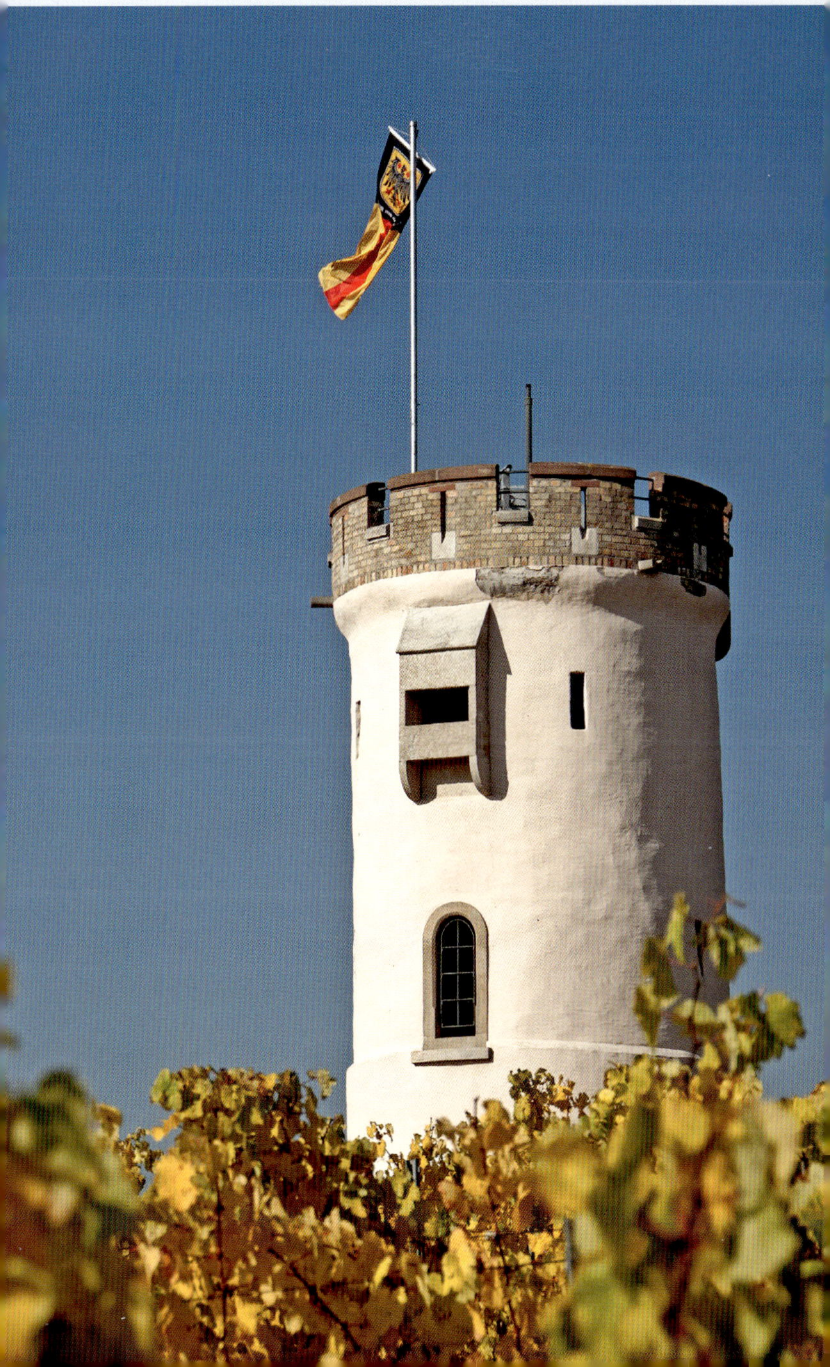

12. Like & follow!

Der Weinschmecker online

Berichten Sie Ihre eigenen Erlebnisse und Erfahrungen
direkt dem Rheinhessischen Weinschmecker
info@rheinhessischer-weinschmecker.de

Der Weinschmecker twittert regelmäßig unter
@RWeinschmecker bei twitter.com

Verfolgen Sie die Verkostungen und Proben des
Weinschmeckers regelmäßig bei Facebook
www.facebook.com/rheingauer.weinschmecker

Lesen Sie den Weinblog auf der Internetseite
www.rheinhessischer-weinschmecker.de
wo schon seit 2005 Einblicke in Verkostungsnotizen gewährt und über aktuelle Weinerlebnisse berichtet wird.

Und noch ein Appell an den geneigten Leser

Auswahl und Neubewertung aller Weingüter und Schänken sind nach sorgfältiger, mehrfacher Prüfung erfolgt. Diese Momentaufnahme beruht vorwiegend auf der Verkostung der Jahrgänge 2012, 2013, 2014 und der Tagesform der Küche und des Servicepersonals. Das kann dazu führen, dass die Einschätzung des Lesers nach einem Besuch von der der Autoren signifikant abweicht. Die Verfasser nehmen solche Abweichungen zum Anlass einer verlässlichen Nachprüfung. Der Weinschmecker wird zudem jedem Hinweis auf einen neuen „Geheimtipp" sorgfältig nachgehen, um seine Auswahl gegebenenfalls zu korrigieren. Anregungen und Hinweise bitte direkt an die Autoren:

Hermann-Josef Berg & Oliver Bock
info@rheinhessischer-weinschmecker.de

oder an den
Societäts-Verlag
Kennwort „Der Rheinhessische Weinschmecker"
Frankenallee 71-81
60327 Frankfurt am Main
www.societaetsverlag.de

Weingut, Ort	Seite	Wein
Alte Brennerei, Mölsheim	106	✿ ✿ ✿
Altes Kelterhaus, Gau-Algesheim	52	✿ ✿
Am Michelsberg, Mettenheim	108	✿ ✿ ✿
Am Römer, Köngernheim	110	✿ ✿
Am Römerberg, Engelstadt	54	✿ ✿
Beiser/Ottos, Vendersheim	56	✿ ✿ ✿ ✿
Bernhard, Wolfsheim	58	✿ ✿
Böhms Weingewölbe, Wörrstadt	60	✿ ✿
Borntaler Hof, Wallertheim	62	✿ ✿
Dohlmühle, Flonheim	42	✿ ✿ ✿
Dreikönigshof, Bingen-Kempten	26	✿ ✿ ✿
Eberle-Runkel, Appenheim	64	✿ ✿ ✿
Espenhof, Flonheim-Uffhofen	44	✿ ✿ ✿ ✿
Franzen, Nieder-Olm	66	✿ ✿
Geils Scheier, Monzernheim	112	✿ ✿ ✿
Göttelmann, Münster-Sarmsheim	28	✿ ✿ ✿ ✿
Gres, Appenheim	68	✿ ✿ ✿ ✿
Heise am Kranzberg, Nierstein	30	✿ ✿
Historic, Dexheim	70	✿ ✿
Hofgut Ebling, Schornsheim	72	✿ ✿
Hupperts Gud Stubb, Gundersheim	114	✿ ✿ ✿
Huster, Ingelheim	74	✿ ✿ ✿

Speisen	Ambiente	Gesamt	Extra
★★★	★★★★	★★★	
★★	★★★	★★	👁
★★★	★★★	★★★	👥 👁
★★	★★★	★★	
★★	★★★	★★	👥 👁
★★★	★★★★	★★★	👥 👁
★★	★★	★★	
★★★	★★	★★	
★★	★★★	★★★	👥 👁
★★★★	★★★★	★★★	👁
★★	★★★	★★	👥 👁
★★	★★★	★★★	
★★★★	★★★★	★★★★	
★★★	★★★	★★	👥 👁
★★★	★★★	★★★	👥
★★★	★★★★	★★★★	
★★	★★★	★★★	
★★	★★	★★	👁
★★★	★★★★	★★	👥
★★★	★★★	★★	👥 👁
★★★	★★★★	★★★	👥
★★★★	★★★	★★★	

Weingut, Ort	Seite	Wein
Immerheiser, Schwabenheim	76	✻ ✻ ✻
Janson, Vendersheim	78	✻ ✻ ✻
Karthauserie, MZ-Hechtsheim	32	✻ ✻
Kleines Rheinhessen, Siefersheim	46	✻ ✻ ✻
Kloster Engelthal, Ingelheim	80	✻ ✻ ✻ ✻
Kruger-Rumpf, Münster-Sarmsheim	34	✻ ✻ ✻ ✻
Listmann, Dorn-Dürkheim	116	✻ ✻ ✻ ✻
Lörzweiler Woistubb, Lörzweiler	82	✻ ✻
Margarethof, Schwabenheim	84	✻ ✻
Marlene, Gau-Bickelheim	48	✻ ✻
Rathofkapelle, Oppenheim	86	✻ ✻
Reßler, Harxheim	88	✻
Wagner, Essenheim	90	✻ ✻ ✻
Walldorf-Pfaffenhof, Saulheim	92	✻ ✻
Wambolderhof, Stadecken-Elsheim	94	✻ ✻
Weedenbornerhof, Flörsheim-Dalsheim	118	✻ ✻
Wilmshof, Selzen	96	✻ ✻
Wolf, Lörzweiler	98	✻ ✻
Zum Bethje Jean, Nackenheim	36	✻ ✻
Zum Kuhstall, Ingelheim	100	✻ ✻ ✻ ✻
Zur alten Kastanie, Selzen	102	✻ ✻
Zwitscherstubb, Nierstein	38	✻ ✻

Speisen	Ambiente	Gesamt	Extra
★★★	★★★★	★★★	
★★★	★★★	★★★	
★★	★★	★★	👥 👁
★★★	★★★★	★★★	👥
★★★★	★★★★	★★★★	👥 👁
★★★★	★★★★	★★★★	
★★	★★★	★★★	👥 👁
★★★	★★★	★★	👥
★★★★	★★★★	★★★	👥 👁
★★★	★★	★★	👥
★★	★★	★★	
★★★	★★★	★★	
★★★	★★★	★★★	👥
★★★	★★★	★★	
★★	★★★	★★	👥
★★★	★★★	★★	
★★	★★★	★★	👥
★★	★★★	★★	
★★	★★	★★	👥 👁
★★★	★★★	★★★★	👥 👁
★★	★★★	★★	
★★	★★★	★★	

Die Autoren

Hermann-Josef Berg

Der gebürtige Mainzer (Jahrgang 1957) ist ein Kind der Region und liebt den halbfranzösischen Lebensstil in Mainz und Rheinhessen. Schon als Jugendlicher begleitete er seine Eltern in die Straußwirtschaften und Gutsschänken des Rheingaus. Seitdem wandelt er zwischen diesen beiden „Weinwelten" – heute auch als Mitglied (ebenso wie Oliver Bock) der Weinloge „Kranenmeister von Oestrich-Winkel". Hermann-Josef Berg ist ferner Mitglied der Vereinigung deutschsprachiger Weinpublizisten (Weinfeder e.V.). – für deren „Weinfeder-Journal" sucht er stets „neue, gute Themen". Als Volontär und Redakteur der Wirtschaftsnachrichtenagentur vwd widmete er sich erstmals dem journalistischen Handwerk. Nach Tätigkeiten im Kommunikationsbereich von Boehringer Ingelheim und Schott in Mainz machte sich Hermann-Josef Berg im Oktober 1992 selbstständig. Als freier Wirtschaftsjournalist schrieb und arbeitete er nicht nur für Medien wie Financial Times Deutschland, Mainzer Allgemeine Zeitung, Südwestrundfunk und das Privatradio RPR. Hermann-Josef Berg erbringt auch Dienstleistungen (in Fragen der Unternehmenskommunikation) für Kunden im Weinbereich.

Oliver Bock

Wuchs in Pforzheim in direkter Nachbarschaft der badischen und württembergischen Weinlande auf. Nach dem Studium der Politikwissenschaft in Bamberg und in Cambridge und nach Stationen bei drei großen deutschen Regionalzeitungen trat der Diplom-Politologe in die Rhein-Main-Redaktion der Frankfurter Allgemeinen Zeitung ein. Seit zwei Jahrzehnten berichtet er als Korrespondent für die FAZ aus dem Rheingau und beobachtet unter anderem den Weinbau, die Land- und Forstwirtschaft sowie den Naturschutz in Hessen. Oliver Bock ist Rheingauer aus Leidenschaft und Autor mehrerer, im Societäts-Verlag erschienener Porträts deutscher Weinregionen und Weinführer. Ausgezeichnet unter anderem mit dem Medienpreis des Deutschen Weininstituts und der Deutschen Prädikatsweingüter (VDP). Gelegentlich Mitglied nationaler und internationaler Verkostungs-Jurys sowie seit 2005 Organisator der bundesweit einzigartigen Rheingauer Schoppen-Trophy.

Bildnachweis

S. 11: © Weingut Beiser
S. 18: © Friedberg - Fotolia.com
S. 74, 100: © Hermann-Josef Berg
S. 120: © Carsten Meyer - Fotolia.com
S. 130: © Jenny Sturm - Fotolia.com
S. 133: © Michael Möller - Fotolia.com
S. 141: © Erwin John

Alle weiteren Fotos stamen von den Weingütern selbst.